KB216048

만나고 싶습니다

Long to Meet You

소그룹 리더 세우기

학습자용

LONG TO MEET YOU, Participant's Guide

by Rev. Hak-Soon Chang

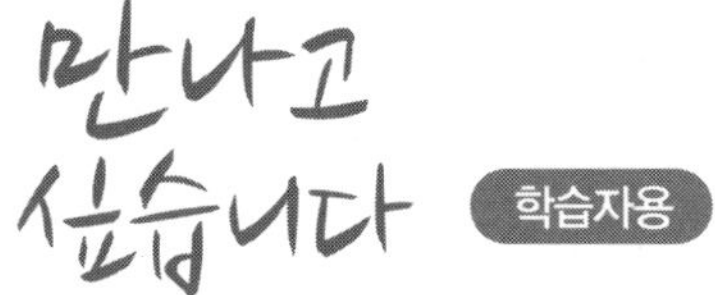

미연합감리교회 총회 한인목회강화협의회 지음

한인목회강화협의회 : 박정찬, Mary Ann Swenson
소그룹사역 리더 훈련원 : 정희수
소그룹 목회자료 개발위원회 : 장학순
편집인 : 류계환
개정판 자문 : 김종일, 박성준, 윤국진, 한동수
초판 집필 : 김돈식, 이성현, 이성호, 이창민, 정성호, 최성남

초판 1쇄 2012년 11월 19일

발행인 | 김기택
엮은곳 | 기독교대한감리회 교육국
소그룹 훈련 문의 노덕호 02)399-4372
펴낸곳 | 도서출판 kmc
손인선
서울특별시 종로구 세종대로 149 감리회관 16층
(재)기독교대한감리회 출판국
대표전화 02)399-2008, 팩스 02)399-2085
홈페이지 http://www.kmcmall.co.kr
등 록 | 제2-1607호(1993. 9. 4)
제 작 | 리더스 커뮤니케이션 02)2123-9996/7

값 7,000원

ISBN 978-89-8430-587-8 04230
978-89-8430-586-1 04230(세트)

차례 CONTENTS

여러분을 만나고 싶습니다

아주 오랜 시간 여러분을 기다리고 있었습니다. 당신을 만나고 싶었습니다.
우리 모두 교회의 리더로 부름 받은 것을 기뻐합시다.

"세상을 변화시키기 위한 예수 그리스도의 제자 길러내기"를 사명으로 삼고 있는 기독교대한감리회 교육국은 개체교회 장년층의 제자화 운동을 통한 부흥과 성장은 물론 목회자와 평신도 지도력 개발, 웨슬리안 모델을 통한 제자화 사역, 어린이와 젊은이를 위한 사역에 힘쓰고 있습니다. 예수 그리스도를 구주로 고백하는 교회와 성도가 받은 은사를 발견하여 그 은사를 배우고 사용하며, 복음을 전파하며 섬기는 제자로서 사역에 참여하는 비전을 함께 나누기 원합니다.
본부 교육국 장년교육부는 속회를 비롯한 소그룹 사역 활성화라는 구체적인 비전을 이루기 위해 미연합감리교회(UMC) 총회 한인목회강화협의회와 협력하여 개체교회 목회 현장에서 적용할 수 있는 소그룹 리더를 위한 교육 자료를 준비하였습니다. 이 교재를 통해 성서적인 원리를 근거로 웨슬리 전통과 영성을 갖춘 소그룹 리더 훈련에 헌신하고자 합니다.

소그룹 사역은 모든 교회의 소망이지만, 모든 교회가 소그룹 사역을 효과적으로 실행하지는 못합니다. 하나님의 말씀 속에서 변화되었고, 성숙한 소그룹 리더가 존재할 때 소그룹 사역에 희망이 있습니다. 소그룹 리더 세우기 훈련은 전 세계 모든 감리교인을 하나로 묶는 하나님의 은혜의 통로가 될 것이며, 한국 감리교회의 경험과 훈련은 전 세계에 흩어진 모든 성도에게 크게 공헌할 수 있는 기회가 될 것입니다. 이 소그룹 사역 리더 훈련은 교회를 건강하게 하고, 바른 일꾼을 세우며, 목회자와 더불어 훌륭한 평신도 리더가 양성되기를 소망하며 추진하는 일입니다.

이 귀한 사역에 부름 받은 여러분을 만나서 참 반갑습니다. 여러분이 소그룹 사역 리더로서 건강하게 자라나 여러분이 섬기는 교회를 부흥, 성장, 성숙시키는 축복의 통로로 쓰임 받기를 기원합니다.

진실로 당신을 만나고 싶었습니다. 여러분 반갑습니다.

기독교대한감리회 교육국
미연합감리교회 총회 한인목회강화협의회

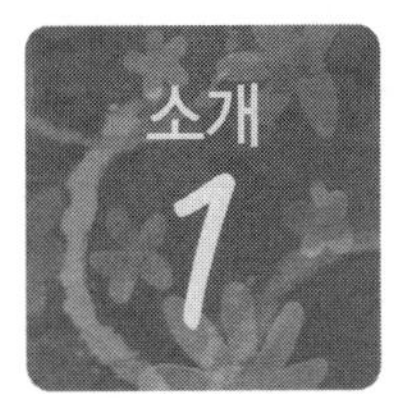

소그룹 사역 리더 훈련

소개 1, 2는 소그룹 사역 리더 훈련을 위한 개론으로 소그룹 사역과 「만나고 싶습니다」 교재에 대한 설명, 소그룹에 대한 성경적 이해, 리더의 역할, 리더의 조건, 소그룹 사역의 원리가 담겨 있습니다.

소그룹 사역 리더를 위하여

소그룹 사역은 예수 그리스도를 향한 신앙 고백을 중심으로 7~12명의 신앙공동체가 정기적으로 모일 수 있도록 돕는 사역을 말합니다. 이를 위한 소그룹 사역 리더 훈련은 속회를 비롯한 다양한 소그룹 사역, 즉 예배, 친교, 선교, 전도, 삶의 나눔 등을 인도할 평신도 사역자를 세우기 위한 교육 과정입니다.

훈련받은 리더는 소그룹 참가자들이 좋은 관계를 맺을 수 있도록 도와주고, 그날의 성경말씀이나 주제를 소그룹 참가자들의 삶에 비추어 볼 수 있도록 돕는 역할을 합니다.

리더는 소그룹 모임에서 깨닫고 체험한 하나님의 말씀, 그 진리를 섬김으로 연결할 수 있도록 돕는 사람입니다. 더 나아가 새로운 소그룹 사역 리더를 세우기 위해 가능성 있는 회원을 찾아 훈련에 참여하도록 격려하기도 합니다. 또한 사랑으로 섬기는 소그룹을 위해 기도하며, 예수 그리스도의 지체로 부름 받은 교회를 건강하게 세우기 위해 지속적으로 훈련받게 됩니다.

이것이 「만나고 싶습니다」로 시작하는 소그룹 사역 리더 훈련입니다.

왜 소그룹 사역인가?

소그룹에 참여하는 사람들은 예수 그리스도 안에서 함께 모이는 사람들입니다. 물론 아직 예수를 자기 삶의 주인, 그리스도로 만나지 못한 이들이 참여하기도 하지만, 이들이 성령님의 도우심을 통해 하나님을 인격적으로 만나는 체험의 통로가 소그룹입니다.

이러한 과정에서 소그룹 참가자들은 삶의 변화를 체험하는 기쁨을 맛보고, 소그룹을 통하여 하나님의 사랑과 은혜를 경험하며 영적으로 성숙하게 됩니다. 바로 성경의 이야기가 오늘 우리 삶의 이야기와 연결되는 장소, 세상에서 그리스도를 증거하며 헌신적으로 살도록 서로 격려하고 도전하는 장이 여러분의 소그룹입니다.

건강한 소그룹 사역을 위해

개체교회에는 교회의 크기나 지역 사회의 특성에 따라 다양한 소그룹이 있습니다. 소그룹의 성격에 따라 훈련 내용을 다양하게 준비하여야 소그룹 사역의 효과를 극대화할 수 있습니다. 여기서는 소그룹을 이끄는 평신도를 중심으로 삶의 나눔, 말씀과의 만남, 예배와 섬김, 영성과 기도, 교회와 전도(또 다른 소그룹이 태어날 수 있도록 새로운 영혼을 만나는 것을 목적으로)를 주제로 함께 공부하게 됩니다.

이번 훈련 과정에 참여하는 여러분 모두 건강한 소그룹 사역을 위한 신실한 리더로 자라날 수 있기를 바랍니다.

소그룹 리더 세우기 적용 원리

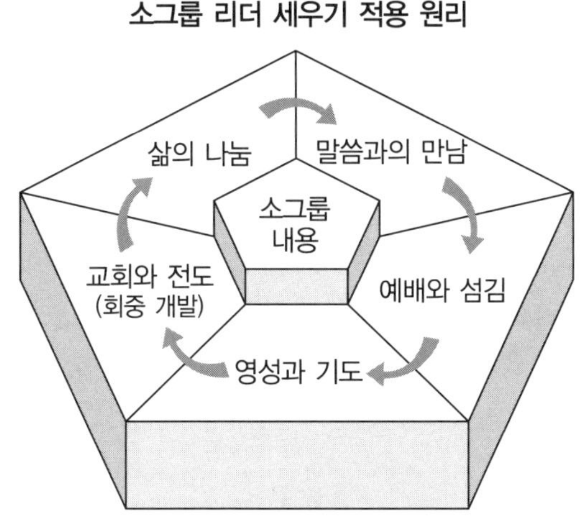

소그룹 사역 리더 훈련 「만나고 싶습니다」

「만나고 싶습니다」는 웨슬리 신학전통에서 배운 네 가지 중요한 은총 개념을 신앙공동체 안에서 직접 경험하고 영성 실천으로 강조하는 훈련입니다. 은총(은혜)은 우리가 할 수 없는 일을 가능하게 하시는 하나님의 역사하심입니다. 우리가 무엇을 하기 전에 먼저 오신 하나님께서 우리를 만나 주시고, 다듬어 가시는 은혜, 그리고 이 땅에 하나님 나라를 이루어 가시기 위해 우리를 들어 쓰시는 하나님 안에서 온전한 그리스도인으로 성숙해 가는 당신을 위한 훈련 교재입니다. 이러한 신학적 개념들을 「만나고 싶습니다」의 각 단계별 양육 과정으로 연결하였습니다. 이 훈련 과정을 통해 당신은 섬기는 리더로 자라게 하시는 하나님의 은혜를 경험할 것입니다.

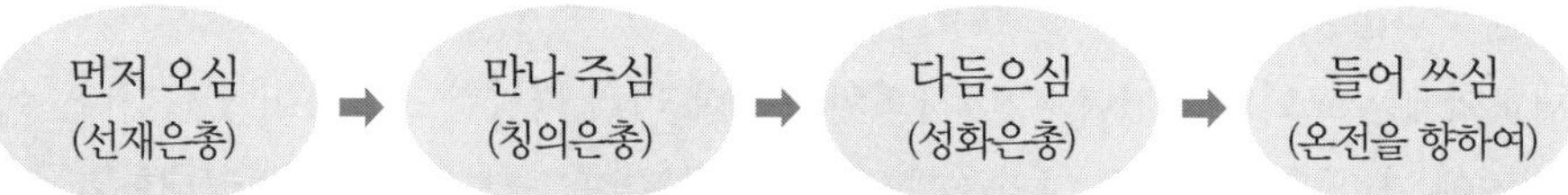

먼저 오심 (웨슬리의 '선재은총' Prevenient Grace)

'먼저 오심' 은 개인이 하나님을 만나기 전 혹은 찾기 전에 이미 우리에게 다가오신 하나님의 은혜 또는 은총입니다. 먼저 오신 하나님의 은총을 통해 죄인의 상태에 있던 개인이 반응하고 응답하게 된다는 것입니다. 선지자 예레미야는 이러한 은혜를 이미 "내가 너를 모태에 짓기 전에 너를 알았고, 네가 배에서 나오기 전에 너를 성별하였고"(예레미야 1:5)라는 하나님의 직접화법으로 자신이 어머니의 태에 있을 때 하나님께서 그를 구원하시기로 작정하셨다고 표현하였습니다.(에베소서 1:3~6)

만나 주심 (웨슬리의 '칭의의 은총' Justifying Grace)

'만나 주심' 은 먼저 오신 하나님의 은총에 응답한 개인이 하나님의 '의롭다 하심' 으로 인해 하나님과 새로운 관계를 맺고 거듭남의 자리로 나아가게 되는 은혜입니다. 이제는 죄인이 아닌 하나님의 자녀로서 새롭게 출발하게 될 뿐만 아니라 율법 아래 놓인 자가 아닌 성령의 인도하심을 받는 자유한 사람이 됩니다.(로마서 8:1~11)

다듬으심 (웨슬리의 '성화의 은총' Sanctifying Grace)

'다듬으심' 은 하나님의 자녀로 새로운 관계를 시작한 개인이 갓난아이, 유년기, 청소년기를 지나 성인으로 성장하고 성숙하게 되는 것과 같이 그리스도의 제자로 성장, 성숙해 가는 과정을 뜻합니다. 하나님의 뜻을 더 잘 이해하고 그 뜻을 이루어 가는 영적 성장–성화의 과정이 그것입니다.(베드로전서 2:1~10)

들어 쓰심 (웨슬리의 '온전을 향하여' Christian Perfection)

'들어 쓰심' 은 그리스도의 제자가 된 개인이 그리스도의 성품을 닮아 성령의 열매를 맺으며 하나님의 나라를 이 땅에 실현해 가는 것을 의미합니다. 하나님은 개인을 통해, 그리고 교회를 통해 이 세상을 변화시키시고, 그 주역으로서 우리를 부르시고 세상 가운데로 보내십니다. 하나님의 거룩한 꿈을 실현해 가며 하나님께 영광을 돌리는 과정, 하나님 나라, 그 나라의 백성이 되는 그리스도인의 참된 모습을 완성해 가는 과정입니다.(갈라디아서 5:22~24)

삶의 현장에서 (웨슬리 신학전통과 영성 실천 Praxis)

'삶의 현장에서' 는 소그룹에 참여하는 개인, 소그룹을 인도하는 리더가 가정, 직장, 자신의 생활 현장에서 직접 성경을 통해 배운 교훈을 적용할 수 있는 구체적인 실천 계획을 세우는 순서입니다.(야고보서 2:14~26)

「만나고 싶습니다」를 넘어서 (리더 훈련을 마친 후 Beyond this book)

「만나고 싶습니다」는 소그룹 사역 리더를 위한 훈련 교재로 속회 인도자 훈련을 비롯하여 제자모임 지도자, 일대일 양육 지도자 등 교회에서 진행하는 모든 소그룹 지도자 훈련 교재로 사용할 수 있습니다. 이 교재는 소그룹 사역 리더들에게 삶의 나눔을 위한 질문 만들기, 말씀 만남을 위한 말씀 묵상, 말씀 적용, 가정 예배, 소그룹 예배, 예배와 섬김, 기도와 전도에 대한 소그룹 사역의 다양한 분야를 직접 훈련을 통해 경험하며, 실질적인 사역 준비를 도울 것입니다. 물론 「만나고 싶습니다」 훈련 이후에도 개체교회에서는 정기적인 소그룹 사역 리더 훈련과 소그룹 모임 교재로 훈련을 지속해야 할 것입니다.

소그룹 사역은 무엇인가?

성경 본문 : 사도행전 2장 22~33, 42~47절

소그룹의 성서적 배경을 살펴보면서 소그룹 사역의 과거, 현재, 미래의 모습을 함께 나누는 시간입니다. 또한 「만나고 싶습니다」가 소개하는 '먼저 오심', '만나 주심', '다듬으심', '들어 쓰심', '삶의 현장에서'의 5단계 접근 방법을 처음으로 적용해 볼 것입니다.

먼저 오심

예수님을 알기 전에 우리가 겪은 삶의 경험과 고민들을 나누고, 이성과 양심, 근면함 등으로 그것을 해결하려던 시도와 성경적인 해결 방법을 비교합니다.

"주께서 생명의 길을 내게 보이셨으니 주 앞에서
내게 기쁨이 충만하게 하시리로다 하였으므로"
(사도행전 2:28)

1. 신앙생활을 하기 전에 당신은 교회에 대해 어떻게 생각하고 있었습니까?

2. 당신이 가졌던 기독교인에 대한 긍정적 혹은 부정적인 생각을 나누어 주십시오.

소그룹은 적은 수의 사람들이 모이는 사역입니다

기독교 공동체에서는 적어도 세 가지 형태의 모임이 정기적으로 이루어집니다. 회원 전체가 모이는 대그룹, 소규모로 모이는 소그룹, 그리고 일대일 만남이 그것입니다. 소그룹 모임은 규모가 큰 대그룹 모임에서 이루어지기 힘든 인격적으로 친밀한 만남을 가능케 하여 성숙과 돌봄 그리고 회복과 치유가 일어나기에 효과적입니다.

1) 성경에 나타난 두 종류의 모임

- "날마다 마음을 같이하여 성전에 모이기를 힘쓰고, 집에서 떡을 떼며 기쁨과 순전한 마음으로 음식을 먹고, 하나님을 찬미하며 … 구원 받는 사람을 날마다 더하게 하시니라"(사도행전 2:46~47)
- 초대교회에는 두 가지 모임이 있었습니다. 하나는 '성전에서의 모임' 이었던 대그룹 모임이고, 다른 하나는 '가정에서 모여 떡을 떼던' 소그룹 모임이었습니다. 초대교회는 그중 소그룹 모임을 통해 삶을 나누는 신앙공동체로 성장하면서, 예수 그리스도의 복음을 빠르게 전파할 수 있었습니다.

2) 소그룹의 네 가지 구성요소

소그룹은 가정에서 모여 친밀한 삶을 나누는 공동체였습니다. 이 특성을 통해 소그룹의 네 가지 구성요소를 배울 수 있습니다.

- 공동체적 교제 : 서로 교제하며 떡을 나누었고 다 함께 지내며 물건을 나누었습니다.(사도행전 2:42, 44)
  리더는 공동체적 삶을 이끌어 가는 사람입니다.
- 양육 : 사도의 가르침을 받았습니다.(사도행전 2:42)
  리더는 영적 깨달음과 간증이 있어야 합니다.
- 찬미와 기도 : 기도하며, 성전에 모여 하나님을 찬미하였습니다.(사도행전 2:42, 46, 47)
  리더는 찬양과 기도를 돕는 사람입니다.
- 봉사와 전도 : 사람의 필요를 따라 나눠 주며, 백성에게 칭찬받는 삶으로 구원의 역사를 이루었습니다.(사도행전 2:44, 47)
  리더는 소그룹이 함께할 수 있는 사역을 찾아 실천하는 사람입니다.

3) 웨슬리 신학전통에서 본 소그룹

- 소그룹은 하나님의 구원과 회복의 계획이 나타나는 공동체입니다.(먼저 오심-선재은총)
- 소그룹은 하나님과의 관계가 회복되어 개인의 구원이 이루어지는 공동체입니다.(만나 주심-칭의은총)
- 소그룹은 은혜로 하나님께 사랑받는 자기 자신을 발견하고 하나님의 형상을 회복해 가는 공동체입니다.(다듬으심-성화은총)
- 소그룹은 영혼 구원의 역사와 변화된 삶으로 인해 다른 사람과의 관계가 회복되고, 하나님 나라가 이루어지는 공동체입니다.(들어 쓰심-영화은총, 온전을 향하여)

4) 소그룹을 통해 누릴 수 있는 여섯 가지 유익

- 허물과 실수를 덮어 주고, 마음을 터놓을 수 있는 신앙의 친구를 만날 수 있습니다.
- 인격적 사귐에 대한 갈망을 충족시키며, 인격도 성숙해 갑니다.
- 다른 사람과의 관계를 통해 자신의 모습을 발견하고 과거의 상처를 치유하고, 현재의 문제를 기도로 이겨 나갑니다.
- 다양한 소그룹 만남과 사역은 새롭고 창조적인 신앙 활동을 시도할 수 있는 기회를 제공해 줍니다.
- 자아가 앞서는 자기중심적 모습을 극복하고 함께 사는 공동체 의식을 기르게 됩니다.

• 소그룹 회원들은 새로운 가족관계를 형성하여 신앙공동체의 영적 경험과 개인의 체험을 하나로 묶어 더 친밀하게 됩니다.

5) 소그룹에 참여하는 사람

소그룹에 참여하는 사람으로는 소그룹 회원과 소그룹을 인도하는 지도력을 부여받은 소그룹 리더가 있습니다. 소그룹 리더는 하나님과 교회에서 소그룹 사역을 위해 부름받은 사람으로서 책임감 있게 그 사명을 감당해야 합니다. 소그룹 회원은 신앙공동체의 일원으로 소그룹을 통해 신앙 성숙의 기회를 찾고 있는 이들입니다.

만나 주심

예수님을 만나고 나서 예수님이 어떤 분인지를 알고 고백하는 과정입니다.

"이는 내 영혼을 음부에 버리지 아니하시며
주의 거룩한 자로 썩음을 당하지 않게 하실 것임이로다"
(사도행전 2:27)

1. 당신이 처음 예수님을 만난 곳, 장소는 어디입니까? 그 경험이 당신에게 어떤 신앙고백을 하게 했습니까?

2. 당신이 예수 그리스도를 구주로 고백할 때 당신에게 그 복음을 가르쳐 준 사람, 당신에게 그 복음의 메시지대로 사는 모습을 보여 준 사람은 누구입니까?

소그룹은 삶이 만나는 곳입니다

소그룹 안에서는 진실한 삶의 나눔과 사귐, 하나님을 만난 경험을 나누어야 합니다. 그렇지 않으면 소그룹 모임에서 피상적이고 얕은 수준의 교제만 이루어지게 될 뿐입니다. 예수를 만난 사람들이 삶에서 변화, 회복, 치유를 함께 경험하는 소그룹이 되기 위해서는 말씀과 삶의 현장이 연결되는 삶의 나눔이 반드시 있어야 합니다. 리더는 그 현장에서 소그룹 회원들의 삶을 어루만지는 사람입니다.

■ 소그룹에서 변화란 인격의 성숙과 성장을 의미합니다.

오직 진리의 말씀, 하나님의 말씀을 중심으로 교제를 이룰 때에 변화가 가능합니다. 살아 있는 하나님의 말씀이 우리 삶의 현장에서 역사하는 경험이 인격을 변화하게 합니다. 그러므로 소그룹 안에서 나누는 진리의 말씀은 항상 현실과 연결되어야 합니다. 그것을 돕는 것이 삶의 나눔입니다.

■ 소그룹에서 경험하는 회복은 관계의 회복을 의미합니다.

하나님과 멀리 떨어져 있던 관계, 진리의 말씀이 현재 우리의 삶과 거리가 있는 이유, 이웃을 사랑하지 못하는 관계가 삶의 나눔을 통하여 도전받게 됩니다. 하나님과 친밀한 관계를 회복해야 가족, 이웃과의 관계도 회복할 수 있습니다. 삶의 나눔은 말씀을 통한 자기 자신의 회복, 하나님과의 관계 회복, 이웃과의 관계 회복을 가능하게 해 줍니다.

■ 소그룹에서 치유가 일어납니다.

소그룹 모임에서 진리의 말씀에 근거하여 삶을 나누다 보면 내적치유는 자연스럽게 일어납니다. 상한 감정이나 마음의 쓴 뿌리가 말씀을 통한 교제 속에서 치유됨으로써 건강한 삶이 회복됩니다.

소그룹 사역에서 리더에게 필요한 것

소그룹 안에서 변화와 회복 그리고 치유를 경험하기 위해서는 리더의 역할이 절대적으로 중요합니다. 리더가 소그룹 회원의 삶을 이해하고 진리의 말씀을 진지하고 효과적으로 다루기 위해서는 다음의 내용들을 숙지해야 합니다.

■ 분명한 목적의식을 가져야 합니다.

분명한 목적의식은 소그룹 사역의 방향과 태도를 결정합니다. 우리가 소그룹으로 모이는 이유는 예수 그리스도를 알지 못하는 사람들에게 그리스도를 소개하고, 그리스도를 이미 아는 이들에게 그분을 닮아 가며 그 안에서 삶의 의미와 목표를 발견하여 하나님의 영광을 드러내는 삶을 살도록 돕기 위함입니다. 우리가 소그룹 안에서 삶의 나눔을 중요하게 여기는 이유가 이것입니다. 그렇기에 리더는 단순히 준비한 내용을 전달하는 사람이 아니라 삶을 나누는 일을 돕는 여행길의 친구가 되어야 합니다. 분명한 계획과 목적의식이 있고, 그 길의 방향을 확실히 알고 있는 친구입니다.

■ 회원의 삶과 그들의 필요에 민감해야 합니다.

대그룹과 달리 소그룹에서는 개인의 필요를 잘 알 수 있습니다. 그러므로 리더는 소그룹에서 나누는 대화에서 각 개인의 필요와 상황에 민감해야 합니다. 삶을 다루는 일은 소그룹 모임의 '삶의 나눔' 시간에만 일어나는 것이 아니라 삶의 현장에서 연속적으로 일어나기 때문입니다. 이를 위해 리더는 목자의 심정으로 소그룹 회원을 섬기며 개인적인 만남을 지속할 필요도 있습니다. 이것은 헌신이고 사랑입니다. 이러한 조건 없는 섬김이 소그룹 리더를 신앙의 길에서 만난 믿을 만한 사람으로, 참다운 지도자로 서게 합니다.

■ 좋은 질문을 준비해야 합니다.

삶을 함께 나누기 위해서는 좋은 질문이 필요합니다. 이 질문은 삶의 문제를 드러나게 하기도 하고 깊이 생각하게 만들기도 합니다. 삶을 다루는 질문을 던지려면 성령의 인도하심에 민감해야 합니다. 소그룹을 인도하다 보면 성령께서 주시는 배움의 순간, 치유의 순간들을 경험하게 됩니다. 리더는 그러한 순간들을 놓치지 않도록 영적으로 민감해야 합니다. 질문을 만드는 방법은 다음 과에서 다루도록 하겠습니다.

■ 회원들이 안전하고 편안한 느낌을 가질 수 있는 분위기를 만들어야 합니다.

1) 소그룹에서 깊이 있는 삶의 이야기들, 감정적인 부분까지도 나누려면 정서적으로 편안한 분위기가 형성되어 있어야 합니다.

2) 어떤 이야기를 하더라도 안전하고 보호받을 수 있는 신뢰관계가 먼저 형성되어야 합니다. 이러한 신뢰는 시간과 노력을 투자해야 가능합니다. 한두 번의 만남으로 이런 분위기를 조성할 수 있는 것이 아닙니다.

3) 이를 위해 리더는 신뢰받을 만한 사람이어야 합니다. 어떤 상황과 조건 속에서도 회원을 선불리 판단하지 않는 사람, 무슨 이야기를 나누어도 비밀을 지킬 수 있는 사람이어야 합니다. 이러한 신뢰의 대상이 되기 위해서는 하나님의 도우심이 필요하고, 리더의 기도, 사랑, 정성이 필요합니다. 신뢰가 커질수록 리더의 영향력도 커져 갈 것입니다.

효과적인 소그룹 모임을 위해 이런 리더가 되어야 합니다

- 목자의 마음으로 기도하고 사랑해야 합니다.
- 리더입니다. 정답 발표자가 아닙니다.
- 일방적으로 가르치는 성경 교사가 아닙니다.
- 리더 먼저 가르침을 잘 배울 수 있어야 합니다.
- 준비한 만큼 열매를 거둡니다. 모임에 앞서 미리 준비해야 합니다.
  - 영적 준비를 합니다.(기도하기, 회원 · 전도 대상자 초청하기)
  - 내용을 준비합니다.(모임 순서, 주제, 시간, 지원그룹 역할 분담)
  - 환경을 조성합니다.(원형으로 좌석 배치, 빈 의자 한 개 놓기, 꽃병과 같이 시선을 방해하는 물건 치우기, 애완동물이나 휴대전화기 사전 조치, 음식 혹은 다과 미리 준비해 놓기)

다듬으심

예수님을 만난 후 삶의 우선순위와 관점, 꿈이 어떻게 바뀌었는지 혹은 어떻게 바뀌어야 하는지를 깨닫고, 실제로 바꾸어 가는 과정입니다.

"날마다 마음을 같이하며 성전에 모이기를 힘쓰고 집에서 떡을 떼며 기쁨과 순전한 마음으로 음식을 먹고" (사도행전 2:46)

1. '마음을 같이한다'는 것은 무엇을 의미합니까? 소그룹에서 마음을 같이하는 것이 쉽지 않은 이유는 무엇입니까?

2. 모이기에 힘쓰고, 집에서 떡을 떼는 기쁨이 당신의 소그룹에 있습니까? 음식을 나누고, 자신의 집을 다른 소그룹 회원들에게 여는 것을 부담스러워하는 이들을 당신은 어떻게 도울 수 있습니까?

소그룹은 언약이 이루어지는 곳입니다

소그룹 모임을 더 풍성하게 하기 위해서는 모든 이들이 참여하는 언약(약속)을 함께 만드는 것이 중요합니다. 이 언약은 소그룹 회원 한 사람, 한 가정마다 성장하고 성숙할 수 있도록 돕는 은혜의 수단이 되어야 합니다. 일방적으로 모임을 위한 약속을 정하여 지시하기보다 이 과정에 소그룹 회원들이 함께 참여하는 것이 필요합니다.

■ 소그룹은 언약을 통해 맺어진 공동체입니다.

소그룹을 부르신 하나님께서 이 모임을 성숙하고 풍성하게 하실 수 있게, 참여하는 모든 이가 언약(약속)을 만드는 과정을 가져야 합니다. 교회가 제시하는 가이드라인이나 피상적인 약속보다 구체적이고 현실적인, 즉 실현 가능한 약속을 함께 정하는 것입니다. 또한 소그룹에 대한 솔직한 기대와 걱정까지 나눌 수 있어야 합니다.

■ 하나님은 그룹과 언약을 맺으십니다.

소그룹이 맺은 언약은 하나님께서 리더는 물론 공동체 회원들과 함께 맺으시는 것입니다. 소그룹 모임에서 언약과 그러한 약속을 지키는 삶에 대해 강조하고, 지속적으로 상기하는 것은 그 소그룹을 건강하게 유지시켜 줍니다. 다시 말해 하나님께서 소그룹의 리더요, 권능자라는 것을 날마다, 달마다, 해마다 끊임없이 기억하는 것은 참여하는 회원들의 소그룹에 대한 태도를 결정짓습니다.

■ 리더는 선택받아 하나님과 언약을 맺은 사람입니다.

하나님은 리더를 세우심으로 그룹을 부르십니다. 리더는 소그룹에 속한 회원들의 영적 상태에 관심을 기울이고, 소그룹을 통해 그들이 영적으로 자랄 수 있도록 돕는 역할을 감당합니다.

리더는 회원들이 하기 힘든 일을 대신해 주는 과정을 통해 신뢰를 쌓고 그 일을 함께하거나 그 일을 할 수 있도록 돕는 과정을 거쳐 관계가 깊어지며, 그 일을 책임질 수 있는 회원을 양육하게 됩니다. 하나님은 다른 사람들과 복된 일을 나누는 비전을 가진 리더들을 통해 더욱 많은 사람들을 부르십니다.

소그룹 사역을 위한 십계명

1) 소그룹에는 많은 리더들이 있을 수 있지만, 오직 하나님만이 우리 소그룹의 진정한 리더입니다.(출애굽기 20:3)
2) 소그룹은 전능하시며 무소부재하신 창조주 하나님의 관점과 방법으로 모든 것을 분별해야 합니다.(출애굽기 20:4)
3) 소그룹은 신실한 믿음과 열정으로 하나님만을 드러내야 합니다.(출애굽기 20:7)
4) 소그룹은 공동체로 하나님과 만나기 위해 일정한 시간을 우선으로 할애해야 합니다.(출애굽기 20:8)
5) 소그룹은 하나님 안에서 한 가족으로서 서로의 품위를 지켜 주고, 예의를 지켜야 합니다.(출애굽기 20:12)
6) 소그룹은 삶의 현장에서 경험하는 실질적인 문제들을 정직하게 나누며, 갈등과 분노를 다루는 과정을 실천하고 고백과 용서를 실천합니다.(출애굽기 20:13~16)
7) 소그룹은 가정을 바로 세우며, 남자와 여자 사이의 올바른 대인관계를 지향합니다.(출애굽기 20:14)
8) 소그룹은 다른 구성원들을 진실하게 사랑하고, 서로의 비밀이 보장되는 정직한 대화를 할 수 있도록 격려합니다.(출애굽기 20:16)
9) 소그룹은 자신이 누구인지 깨닫고 각자 자신들의 시간과 공간을 공정하게 나누고 서로 존중하며 대화하는 연습을 함께합니다.(출애굽기 20:17)
10) 소그룹은 모든 구성원의 은사와 그것을 나누기 위한 봉사, 그리고 공동체 밖의 사람들과 함께 살아가는 법을 실천해야 합니다.(출애굽기 20:17)

들어 쓰심

하나님께서 우리를 다듬으신 이유는 우리에게 주신 삶의 목적에 따라 헌신하고 계획하며 동역자들과 함께 나누고 섬기는 삶을 살게 하기 위함임을 고백합니다.

> "하나님을 찬미하며 또 온 백성에게 칭송을 받으니 주께서
> 구원 받는 사람을 날마다 더하게 하시니라" (사도행전 2:47)

1. 오늘날 교회가 세상 사람들에게 칭찬받지 못하는 이유는 무엇입니까? 오늘 당신이 찾아가야 할 사마리아 여인은 누구입니까?

2. 초대교회가 하나님을 찬미하며 온 백성에게 칭송받은 이유는 무엇입니까?

3. 당신이 섬기는 교회가 다른 사람들에게 칭찬받을 만한 일을 하고 있는 것은 무엇입니까?

4. 당신의 소그룹에서 경험한 칭찬받을 만한 일은 무엇입니까?

소그룹은 전도가 시작되는 곳입니다

소그룹은 전도라는 농사를 함께 짓는 곳입니다. 농사는 그 과정이 참 중요합니다. 농사는 혼자 짓는 것보다 여럿이 힘을 합할수록 더 수월하고 수확도 많습니다. 전도도 회원들이 함께 힘을 합칠 때 그 효과가 배가 됩니다. 전도는 즉각적이고 즉흥적인 것이 아니라, 정성과 땀방울이 필요합니다.

1) 소그룹 모임을 옥토로 만들기

농사에는 씨와 밭이 필요합니다. 마찬가지로 소그룹은 '복음' 이라는 가장 소중한 씨를 가지고 있지만, 항상 '밭' 이라는 객관적인 조건도 가지고 있습니다. 전도를 위해서는 먼저 소그룹 내의 부정적이고 배타적인 단단한 마음의 밭을 갈아엎고, 걸림돌과 가시를 제거하여 복음의 씨가 뿌려질 옥토를 만들어야 합니다.

소그룹 모임을 옥토로 만들기 위해서는 주님이 조건 없이 우리를 사랑하여 주시듯 우리도 서로 지속적으로 사랑하고, 섬기고, 축복하고, 도우며, 관계를 세워 가야 합니다. 이 모든 과정은 만남과 대화, 나눔을 통해 이루어집니다. 소그룹 내에서는 변론이나 변명, 비판의 말 대신 칭찬, 긍정, 격려, 위로, 축복, 희망의 대화를 나누어야 합니다. 특히 전도를 위해 소그룹 리더는 믿음을 나누고, 복음을 전파한 경험이 있어야 합니다. 성공과 실패를 함께 경험한 살아 있는 전도 체험이 다른 회원들에게도 도전이 됩니다.

2) 전도 대상자 선정하기

전도 대상자를 어떻게 선정하느냐가 중요합니다. 전도 대상자는 최소한 일주일에 한 번 정도 교제를 나눌 수 있는 사람이어야 합니다. 그럴 때 그 사람과 신앙의 관계를 맺을 수 있으며, 나의 삶과 신앙을 나눌 수 있습니다. 전도 대상자는 내 생활 가까이(가정, 친척, 직장 동료, 이웃, 거래처, 동호회 등)에서 찾는 것이 좋습니다.

3) 회원들이 함께 기도하기

전도는 기도하는 만큼 수확할 수 있습니다. 기도 없이 사적인 관계로 한두 번은 교회에 올 수 있지만, 신앙공동체에 정착하기는 쉽지 않습니다. 때문에 소그룹 모임에서 전도하기로 결심한 회원과 전도 대상자에 대한 합심기도가 중요합니다. 함께 기도한 후에는 전도한 사람과 전도 대상자에 대한 사후 점검도 중요합니다. 이것은 리더의 역할이며, 소그룹 전체가 지속적으로 기도하고, 흐지부지해지지 않도록 돕는 역할을 해야 합니다.

4) 초청하기

초청은 소그룹이 옥토와 같이 만들어지고, 회원들의 관계가 바로 세워진 후 부담 없이 편안하게 이루어져야 합니다. 심리학적으로 사람은 어디를 가나 아는 사람이 4~5명만 있으면 낯설어하지 않고 쉽게 소속감을 갖습니다. 때문에 교회에 거부감이 있거나 낯설어하는 전도 대상자를 소그룹으로 먼저 초청해서 관계를 형성한 다음 교회로 인도하면, 전도 대상자는 교회에 쉽게 정착할 수 있습니다. 또한 교회에 먼저 방문하거나 찾아온 새가족의 경우에도 목회자와 의논하여 소그룹을 방문하거나 참여할 수 있게 기회를 제공해야 합니다. 이러한 과정에서 신뢰와 친밀한 관계를 맺을 수 있도록 돕는 것이 소그룹 사역 리더의 역할입니다.

5) 전도에서 분가까지

소그룹 모임을 통해 개인의 신앙 성숙과 성장이 이루어진다면 이것은 소그룹 전체의 질적, 양적 성장으로 연결됩니다. 이러한 성장의 열매는 소그룹의 분가로 맺어지게 됩니다. 분가를 위해서는 리더와 새로운 리더로 훈련받아야 할 사람이 준비되어야 하며, 교회와 소그룹 사역의 귀한 열매로 축하할 수 있어야 합니다. 분가를 위해 소그룹은 함께 기도하며 새로운 리더가 훈련받고, 진정한 리더의 역할을 할 수 있도록 도와야 합니다. 또한 분가하는 소그룹을 위해 어떻게 도울 수 있는지 의논해야 합니다. 분가는 소그룹 사역의 또 다른 열매입니다. 새가족이 또 다른 새가족을 전도하도록 하며, 소그룹이 또 다른 소그룹으로 분가하는 것이 소그룹 사역의 방향이 되도록 지속적인 도전이 필요합니다.

'삶의 현장에서' 는 소그룹에 참여하는 개인, 소그룹을 인도하는 리더가 가정, 직장, 자신의 생활 현장에서 직접 성경을 통해 배운 교훈을 적용할 수 있는 구체적인 실천 계획을 세우는 순서입니다.

1. 당신이 경험한 삶의 변화에 누가 긍정적인 영향력을 주었습니까? 그 사람에게서 당신이 배운 것은 무엇입니까?

2. 오순절 성령강림 현장(사도행전 2:1~13)의 기록이 소그룹 리더로 섬기는 당신에게 어떤 도전을 주고 있습니까?

3. 당신이 속한 소그룹(속회, 제자모임, 일대일모임, 기타 소그룹)의 기도 제목을 나누어 주십시오.

삶의 나눔 I

성경 본문 : 요한복음 14장 1~12절

삶의 나눔 첫 번째 훈련은 소그룹 사역을 위한 실제적인 지침과 '삶의 나눔' 시간을 인도하기 위한 훈련입니다. 소그룹 사역 리더들은 '삶의 나눔'을 위한 질문을 만들어 보고, 그것을 직접 토론에 사용해 봅니다.

삶의 나눔이란

삶의 나눔은 7~12명 정도의 사람이 소그룹으로 모여서 대화를 나누는 형식으로 진행하며, 그 대화는 삶의 경험에 근거해서 나누기에 '삶의 나눔'이라고 합니다. 삶의 나눔은 지난날 혹은 현재 경험하고 있는 하나님에 대한 이야기, 자신의 삶의 자리에서 경험하는 도전을 신앙으로 이겨 낸 이야기, 성공과 실패의 경험담 등 다양한 삶의 이야기를 나누는 시간입니다.

삶의 나눔을 위한 원리

- 돌아가며 많은 사람들이 참여하도록 인도합니다.
- 억지 참여나 답변을 강요하지 않습니다.
- 리더 혹은 지원그룹에서 구체적인 삶의 나눔을 시작합니다.

• 대화를 먼저 이끄는 지원그룹을 세웁니다.(1~2명)
• '예 / 아니오' 의 단답형 질문을 피하고, 참여를 이끌어 낼 수 있는 질문을 준비합니다.
• 소그룹은 성경공부 모임이 아니라 삶의 나눔이 이루어지는 곳입니다.

소그룹 리더에게 필요한 것

• 상대방의 발언을 존중하는 문화 · 습관이 필요합니다. 모든 발언자에게 자신이 하는 말은 물론 자기 자신이 소그룹 내에서 받아들여지고 있다는 느낌을 갖게 해야 합니다.
• 리더는 상대방의 발언을 존중하는 표현을 보여 주어야 합니다.
• 말로만 대화하는 것이 아닙니다. 몸으로도 대화할 수 있습니다.(Body Language)
  (ㄱ) 대화하는 사람과 눈을 맞추며 듣습니다.
  (ㄴ) 고개를 끄덕여 줍니다.
  (ㄷ) 미소나 진지함, 긍정의 표정을 사용합니다.
• 대화 중 성급하게 결론을 내려서는 안 됩니다. 소그룹 회원의 진지한 고백이 중단되지 않도록 주의해야 합니다.
• 함부로 판단하지 말아야 합니다. 다른 사람의 이야기나 상황을 듣는 이들이 주관적으로 판단해서는 안 됩니다.
• 같은 소그룹 내에 부부가 있다면 부부 혹은 다른 커플 사이에 다툼이 일어나지 않도록 특별히 배려해야 합니다.
• 때로는 소그룹이 감당하기 힘든 민감한 고백은 중단시키는 지혜가 필요합니다.
• 소그룹은 안전한 공간이며 비밀이 지켜지는 곳이어야 합니다.
• 소그룹 회원을 향한 직접적 비판이나 험담은 금지해야 합니다.
• 특정한 소수가 토론을 이끌어가는 대화 독점 금지를 명시해야 합니다.
• 모임 순서를 작성하여 배부합시다. 오늘의 대화 주제, 내용, 소요시간을 분명하게 밝혀 불필요한 토론으로 시간이 낭비되지 않도록 이끌어야 합니다.

삶의 나눔 질문

삶의 나눔에 사용하는 질문들은 그날의 성경 본문을 근거로 만들어야 하며, '먼저 오심', '만나 주심', '다듬으심', '들어 쓰심', '삶의 현장에서' 의 순서로 구성합니다.
「만나고 싶습니다」는 이러한 5단계의 질문을 통해 여러 주제를 공부하면서 소그룹 사역 리더들에게 다양한 질문을 경험하고, 질문을 직접 만들 수 있도록 디자인 되었습니다. 준비된 질문들을 훈련 과정에서 모두 토론해야 하는 것은 아닙니다. 교재의 질문은 여러분의 훈련과 경험을 위해 적정한 소그룹 모임시간 이상으로 준비된 것입니다. 실제 소그룹 모임에서 준비된 질문을 반드시 모두 토론해야 하는 것은 아닙니다.

어떤 날은 질문을 거의 소화하는 경우도 있고, 두세 가지 질문으로 소모임을 끝내는 날도 있습니다. 질문들은 성경 본문이 제시하는 하나님 이야기(복음)가 우리 삶의 이야기와 만나는 연결점을 찾도록 도와주는 것이어야 합니다.

질문 만들기

소그룹 사역 리더는 좋은 질문을 찾고 직접 만드는 연습과 훈련을 거쳐야 합니다.

1. 성경 본문에서 쉽게 만들 수 있는 질문으로 시작합니다.(본문에서 이 사람은 무엇을 하고 있습니까? 어디에 있습니까? 왜, 언제, 어디서, 무엇을, 어떻게, 누가 등등)
2. 소그룹 교재의 본문을 한 주간 깊이 있게 묵상하며, 교재에 준비된 질문에 답을 준비합니다.
3. 묵상을 통해 준비한 질문과 다른 방향으로 토론이 전개될 가능성의 문을 열어 놓고 소그룹 회원들을 가슴에 품고 기도하며, 다른 방향의 질문도 만들어 봅니다.
4. 당일 소그룹 모임에서 꼭 다루어야 할 주제를 다루기 위해 준비한 교재의 질문을 잘 활용하는 것이 기본입니다.
5. 준비한 질문과 연결할 수 있는 추가 질문을 준비하였다가 소그룹의 처지와 조건, 회원을 위한 토론이 가능하도록 이끌어야 합니다.
6. 먼저 오심, 만나 주심, 다듬으심, 들어 쓰심, 삶의 현장에서의 5단계 질문 과정을 익숙하게 익히고 다양한 질문으로 토론하는 훈련이 필요합니다.(다음 과정에서 직접 경험해 보게 됩니다.)
7. 참여를 이끌어 내는 질문을 만들어야 합니다. "예" "아니오"를 유도하는 단답형 질문은 피하고, 소그룹 회원들의 생각을 자극할 수 있는 열린 질문을 준비해야 합니다.
   · 잘못된 질문의 예 – "엘리야는 어디서 죽기를 간구했나요?"
   · 좋은 질문의 예 – "엘리야는 로뎀나무 아래서 죽기를 간구했습니다.
   오늘 당신의 로뎀나무는 어디입니까?"
8. 소그룹에서 엉뚱한 방향으로 토론이 흘러가고 있을 때 원래 준비한 주제로 다시 돌아올 수 있어야 합니다. 미리 준비한 교재의 질문으로 돌아오는 것이 좋습니다.

9. 창조적인 소그룹 모임을 위해 그날의 주제를 잘 설명할 수 있는 신문기사, 잡지, 광고, 동영상 등을 보여 준 후 소그룹 회원들이 직접 질문을 만드는 경험도 필요합니다.
10. 효과적인 질문 만들기 연습을 위해 목회자의 주일예배 설교를 요약하고, 설교자가 던진 질문을 리더가 속한 소그룹에 맞는 질문으로 만들어 봅니다.

- 「만나고 싶습니다」 교재는 다양한 내용과 형식의 질문을 소개하여 소그룹 리더인 여러분에게 질문을 만들기 위한 연습 기회를 드립니다. 훈련 과정에서 교재의 모든 질문을 토론하여야 하는 것은 아닙니다. 훈련에 참여하는 리더, 소그룹 토론의 규모에 따라 질문 내용과 숫자를 조정해야 합니다.

- 「만나고 싶습니다」 소그룹 사역 리더 훈련에서 당신이 속한 그룹이 만든 질문을 다른 그룹에서 토론할 수 있도록 하고, 당신의 의도와 참석자들의 토론 방향을 확인해 봅니다.

삶의 나눔 질문 만들기 연습

성경 본문 : 요한복음 14장 1~6절
제목 : 예수 그리스도는 나의 길

먼저 오심

먼저 오심의 질문은 자신의 삶과 성경 본문을 연결하도록 도와주는 질문으로, 소그룹 모임을 시작하며 누구나 쉽게 마음의 문을 열 수 있는 아이스브레이크 형태의 질문이 될 수도 있습니다. 다만 부담 없는 질문을 찾으려다 성경적인 삶과 우리 삶의 문제가 분리되지 않도록 주의해야 합니다.
웨슬리가 가르친 선재은총은, 예수님을 알기 전에 우리가 겪은 삶의 경험과 고민들을 이성과 양심, 근면함으로 해결하려고 했던 인본주의적 시도와 우리가 인지하기 전에 이미 베풀어진 하나님의 은혜에 기초한 성서적인 삶을 비교할 수 있는 질문이어야 합니다.

1. (당신은 언제, 어떻게) 길을 잃어버린 경험이 있습니까?

2. 도마가 주님 가시는 길을 모른다고 말했는데, 당신은 어디서 길을 잃어버린 경험이 있습니까?

3. 길을 잃어버렸을 때 당신이 기억하려고 했던 것은 무엇입니까?

4. 당신은 어떻게 잃었던 길을 다시 찾게 되었습니까?

5. 이러한 경험이 당신의 신앙 체험과 어떤 비슷한 점이 있습니까?

6. 위의 질문을 고치거나 새로운 질문을 만들어 보십시오.

만나 주심

먼저 오심의 질문이 성경의 이야기와 우리 삶의 접촉점을 찾게 해 주었다면, 이제 만나 주심을 통해 우리 삶 속에서 역사하시는 예수님과의 만남을 확인해야 합니다. 만나 주심의 질문에는 예수님을 만난 후 예수님이 어떤 분인지를 우리가 알고, 어떠한 변화가 있었는지 고백하는 과정이 담겨야 합니다.

1. 당신이 걸어가던 인생길에서 어떻게 예수님을 만났습니까?

2. 예수님을 만나서 당신의 삶에 어떤 변화가 있습니까?

3. 최근 예수님은 당신이 걸어가는 길의 방향을 어떻게 바꾸셨습니까?

4. 위의 질문을 고치거나 새로운 질문을 만들어 보십시오.

다듬으심

예수님을 만난 후 삶의 우선순위와 관점, 당신의 꿈이 어떻게 바뀌었는지 혹은 어떻게 바뀌어야 하는지를 깨닫고, 실제로 바꾸어 가는 과정을 나눌 수 있는 질문입니다.

1. 본문 5절에서 도마는 "주께서 어디로 가시는지 우리가 알지 못하므로 그 길을 어찌 알겠느냐"고 질문하고 있습니다. 도마가 길을 모르겠다고 말하는 이유는 무엇입니까? 그가 길을 잃어버린 이유는 무엇입니까?

2. 주님이 인도하신 길을 가다가 어려움을 만났을 때 당신은 어떻게 하였습니까?

3. 위의 질문을 고치거나 새로운 질문을 만들어 보십시오.

들어 쓰심

하나님께서 우리를 다듬으신 이유는 우리에게 주신 삶의 목적에 따라 우리가 헌신하고 계획하며 동역자들과 함께 나누고 섬기는 삶을 살게 하기 위함임을 고백합니다.

1. 도마는 길을 모른다고 고백했고, 부활하신 예수님을 직접 만나 그 상처에 자기 손을 넣어보기 전에는 예수님의 부활을 믿을 수 없다고 말했습니다. 그런 도마가 사도의 길을 회복한 배경은 무엇입니까?

2. 도마가 다시 인생의 길을 찾은 후 그는 어떤 삶을 살았습니까?

3. 당신이 예수님을 좇다가 길을 잃었고, 다시 하나님께서 사용하시는 은혜를 경험했을 때는 언제입니까? 하나님께서는 그 기회를 어떻게 사용하셨습니까?

4. 위의 질문을 고치거나 새로운 질문을 만들어 보십시오.

삶의 현장에서

본문을 통해 살펴본 하나님의 이야기를 우리의 삶 속에서 어떻게 실천해야 할지를 묻는 질문으로 소그룹 모임을 마무리해야 합니다. 다양한 삶의 정황 속에서 자유롭게 역사하시는 하나님의 손길을 배우고, 이를 통해 신앙적인 도전은 물론 격려도 받게 됩니다.

'삶의 현장에서' 는 소그룹 회원과 리더가 가정, 직장, 자기 삶의 현장에서 하나님의 말씀, 성경을 통해 배운 교훈을 적용할 수 있는 구체적인 실천 계획을 세울 수 있는 질문이어야 합니다. 신앙 실천을 위한 마음의 결단을 돕는 질문은 쉽지 않습니다. 솔직하고, 겸손한 실천 계획을 나눌 수 있어야 다른 소그룹 회원들도 자신의 결단을 나눌 수 있습니다.

1. 당신의 삶의 방향을 잃지 않기 위해 예수님과 어떻게 동행해야겠습니까?

2. 주님과 동행하는 삶을 위해 당신에게 어떤 구체적인 결단이 필요합니까?

3. 당신이 요즘 걱정하는 삶의 조건은 무엇입니까? 그 문제를 위해 우리 소그룹이 어떻게 기도해 주길 원합니까?

4. 위의 질문을 고치거나 새로운 질문을 만들어 보십시오.

리더가 알아야 할 소그룹 모임

소그룹 모임의 4W 원리

1) 환영(Welcome) : 소그룹 모임을 처음 시작할 때나 새로운 사람을 초청했을 때 친밀한 분위기에서 서로를 알아가는 시간이 필요합니다. 어색한 분위기를 풀어 줄 수 있는 '아이스 브레이킹'(Ice Breaking) 질문을 사용합니다. 초청이 자연스럽고, 비교적 편안하고 부담 없는 환경이 되어야 참된 환영이 가능합니다. 긴장을 풀기 위한 질문은 소그룹이 처음 만났을 때 나누는 것입니다. 몇 달 동안 만남과 사귐을 한 후에는 환영의 시간을 최소화할 수 있습니다.
2) 찬양과 기도(Worship) : 찬양을 통한 성령의 임재하심, 중보기도를 통한 치유와 회복의 역사가 이루어질 수 있는 시간입니다. 쉽고 반복이 가능한 찬송가 또는 복음성가를 부르고, 가정별 또는 개인별로 서로의 중보기도 제목을 나누고 함께 기도할 수 있습니다. 중보기도는 삶의 나눔이 끝난 뒤에 할 수도 있습니다. 이때 성령님을 초청하는 임재의 기도를 여는 기도로 사용할 수 있습니다.
   · 기도 예문 – "주님, 이 시간 우리 모임에 함께하시니 감사합니다. 성령님의 기름부으심을 내려 주소서. 주님을 초청합니다. 우리 마음의 문을 열고 주님의 임재하심을 기다립니다."
3) 삶의 나눔(Word) : 자신의 현재와 과거의 삶에 일어난 사건들 속에서 체험한 하나님의 사랑과 개입하심을 나누는 시간입니다. 소그룹 회원들은 이 시간을 통해 각 사람에게 다양하게 역사하시는 하나님을 알게 되며, 향후 겪게 되는 사건들 앞에서 신앙적으로 대응하는 방법을 배우게 됩니다. 주어진 성경 본문과 교재, 질문을 가지고 서로의 삶을 나누는 시간입니다.
4) 사역의 나눔(Work) : 모두 함께 봉사를 실천하여 다 함께 훈련하며 성장하는 기회를 나누는 시간입니다. 소그룹과 대그룹(교회) 안에서 행하는 선교, 봉사, 사역에 관해 이야기를 나누고, 다음 모임 장소, 광고를 위한 시간으로 사용합니다.

소그룹 모임 자리 배치와 준비

1) 자리는 원형으로, 서로의 얼굴을 마주 볼 수 있게 배치합니다.
2) 대화를 독점하거나 통제하기 어려운 사람은 인도자 바로 옆자리에 앉히는 것이 좋습니다.
3) 큰 화병이나 화려한 물건 등 시선을 가리거나 흐트러뜨리는 물건은 미리 치우는 것이 좋습니다.
4) 전화를 받는 일이나 다른 일들(주방에 왔다 갔다 하는 것)을 하지 않도록 미리 준비해 두고, 약속(언약)을 정하는 것이 좋습니다.(예 : 소그룹 모임 중에는 휴대폰을 사용하지 않는다.)
5) 어린이들을 위한 프로그램을 별도로 준비하는 것이 좋습니다.

효과적인 소그룹 모임을 위해

1) 시간을 엄수합니다.(정시에 시작하고 계획한 시간에 끝냄)
2) 긍정적이고 열린 분위기를 만들기 위해 노력합니다.
3) 모임의 방해 요소를 최소화합니다.
4) 매주간 비공식적 만남을 지속합니다.(전화, 음식, 기도)
5) 참여의식과 지체의식을 고양합니다.
6) 소그룹 언약을 함께 준비하고 약속합니다.
7) 가정별 기도 제목을 나누고, 서로 기도합니다.
8) 개인별 중보기도 관계를 맺습니다.(서로 전화, 이메일, 참여 격려)
9) 개인과 가정의 영적 생활을 점검하고 서로 격려합니다.
10) 소그룹 성장을 통한 분가의 비전을 가지고 꾸준히 전도합니다.

소그룹 사역 리더를 위한 대화 인도법

1) 비판이나 험담을 할 경우

“여기는 자신의 이야기를 나누는 자리입니다. 가급적 다른 사람에 대한 의견이나 비판은 삼가는 것이 좋겠습니다.”

“혹시 교회에 대해 다른 의견이 있으시다면 따로 목회자를 만나 상담해 보는 것이 좋겠습니다. 그것이 부담스러우시면 모임이 끝난 후 제게 말씀해 주시면 꼭 전달하겠습니다.”

2) 대화를 독점하는 경우

"아, 그렇군요. 참 흥미롭네요. 그런데 어떻게 하지요? 시간이 많으면 좀 더 듣고 싶지만 다른 분들의 이야기도 들어봐야 하니까 나머지 이야기는 모임이 끝난 후에 듣겠습니다." "나중에 형제/자매님 이야기 듣는 시간을 따로 갖도록 하겠습니다."

"앞으로 1분 남았습니다. 이야기를 마무리해 주시기 바랍니다."

(모래시계 3분짜리를 구해서 대화를 시작할 때마다 사용하는 방법도 효과적입니다.)

3) 결론을 내리거나 판단하는 사람이 나타날 경우

"우선 말씀하시는 분의 이야기를 조금 더 들어봅시다. 하나님은 각 사람에게 맞는 다양한 방법을 사용하십니다. 성령님의 역사를 우리가 제한하지 않는 것이 좋겠습니다."

4) 대화(고백)를 중단시키고 끼어드는 경우

"말씀하시는 분의 이야기를 다 들어보고 다 함께 이야기를 나누는 것이 좋겠습니다."

(자기의 경험을 내세워 가르치려 하거나 판단하려는 사람이 있을 경우에도 사용합니다.)

5) 위험한 수위의 이야기나 민감한 이야기가 나올 경우

(대화를 자연스럽게 중단시키고) "어려운 문제를 이 자리에서 말씀해 주셔서 감사합니다. 그 문제는 여기서 다루기보다 목회자와 상담해 보시면 어떨까요? 저희는 형제/자매님을 위해 계속해서 기도하겠습니다."

6) 진지한 기도 제목이 나올 경우

"우리가 다 함께 형제/자매님을 위해서 기도해 드려도 될까요?"(본인의 의견을 물어본 후 다 함께 중보기도를 할 수 있습니다.) "우리 ○○○ 형제/자매님을 위해 함께 기도하기를 원합니다. 조용히, 하지만 소리 내어서 함께 통성으로 기도하겠습니다."

7) 주제를 벗어나 정치, 경제, 스포츠 이야기로 흘러갈 경우

"그 이야기는 모임이 끝난 후 따로 시간을 내서 하는 것이 좋겠습니다. 오늘의 주제로 다시 돌아가지요. 자, 어느 분이 말씀하실 차례지요?"

8) 대화를 격려하거나 계속 연결시켜 나가야 할 경우

"그렇군요." "그래요?" "어려움이 많으셨군요."

9) 대화를 중단시키고 다음 사람에게로 기회를 넘겨줄 때

"말씀 고맙습니다. 이제 ○○○ 형제/자매님께서 말씀하실 차례지요?"

삶의 나눔 II

성경 본문 : 요한복음 4장 3~30절

주님을 전혀 모르던 사마리아 여인이 예수님을 만나 그녀의 삶을 나누던 중, 주님을 알게 되고 그 주님을 이웃에게 전하는 전도자로 변화하는 과정을 볼 수 있습니다. 당신의 소그룹이 이러한 삶의 변화를 경험하는 우물가가 되길 바랍니다.

먼저 오심

예수님을 알기 전에 우리가 겪은 삶의 경험과 고민들을 나누고, 이성과 양심, 근면함 등으로 그것을 해결하려던 시도와 성경적인 해결 방법을 비교합니다.

"거기 또 야곱의 우물이 있더라 예수께서 길 가시다가
피곤하여 우물 곁에 그대로 앉으시니 때가 여섯 시쯤 되었더라
사마리아 여자 한 사람이 물을 길으러 왔으매
예수께서 물을 좀 달라 하시니" (요한복음 4:6~7)

1. 사마리아 여인이 아무도 없는 뜨거운 정오에 물을 길으러 온 이유는 무엇일까요?

2. 당신도 사람의 눈을 피하고 싶었던 경험이 있습니까? 어떤 상황이었습니까?

"사마리아 여자가 이르되 당신은 유대인으로서 어찌하여
사마리아 여자인 나에게 물을 달라 하나이까" (요한복음 4:9)

3. 사마리아 여인이 예수님께 짜증스럽게 대답한 것은 그녀의 마음이 굳게 닫혀 있었기 때문입니다. 왜일까요?(9절)

4. 우리의 마음이 예수님을 향해 열려 있는지, 닫혀 있는지 무엇으로 알 수 있을까요?

5. 신앙생활을 하면서 당신의 마음의 문을 닫히게 한 원인은 자신의 문제와 타인의 문제 중 무엇이었습니까?

6. 만약 당신의 마음이 예수님을 향해 닫혀 있다고 생각한다면 어떻게 그 마음의 문을 열 수 있을까요? 하나님을 향해 마음의 문을 닫고 있는 사람들을 어떻게 도울 수 있을까요?

만나 주심

예수님을 만난 후 예수님이 어떤 분인지를 알고 고백하는 과정입니다.

"사마리아를 통과하여야 하겠는지라"

(요한복음 4:4)

1. 왜 예수님은 이방인의 땅, 사마리아를 통과하는 여정을 택하셨을까요?

2. 예수님은 사마리아 여인과 대화를 나눌 장소로 왜 아무도 없는 우물가를 택하셨을까요?

3. 예수님이 당신을 처음으로 찾아오셨던 때는 언제, 어떤 상황이었습니까?

4. 지난 한 주간 동안 예수님은 어떻게 당신을 만나 주셨나요?

5. 예수님이 당신을 만나 주셨다는 것이 어떻게 당신의 삶에 나타났습니까?

6. 생수를 달라는 그 여인에게 예수님은 왜 남편 이야기를 꺼내셨을까요?(15~18절)

7. 예수님과의 인격적인 만남, 예수님과 동행하는 삶을 방해하고 있는 것은 무엇입니까? 예수님과 만나고 싶은 당신의 발목을 붙잡고 있는 것이 있다면 무엇입니까?

다듬으심

예수님을 만난 후 삶의 우선순위와 관점, 꿈이 어떻게 바뀌었는지 혹은 어떻게 바뀌어야 하는지를 깨닫고, 실제로 바꾸어 가는 과정입니다.

"여자가 물동이를 버려 두고 동네로 들어가서
사람들에게 이르되" (요한복음 4:28)

1. 여인에게 생존 수단과도 같은 물동이를 버렸다는 것은 어떤 의미인가요?

2. 예수님은 사마리아 여인의 어떤 모습을 다듬어 주셨습니까?

3. 예배에 대한 이야기를 통해 사마리아 여인은 예수님이 그리스도이신 것을 깨닫게 됩니다. 예배를 통해 마음에 크게 깨달음을 얻었거나 감동을 받은 일을 함께 나누어 주십시오.

4. 사마리아 여인의 변화를 통해 당신의 삶에 어떤 변화가 필요함을 깨달았습니까?

들어 쓰심

하나님께서 우리를 다듬으신 이유는 우리에게 주신 삶의 목적에 따라 헌신하고 계획하며, 동역자들과 함께 나누고 섬기는 삶을 살게 하기 위함임을 고백합니다.

"내가 행한 모든 일을 내게 말한 사람을 와서 보라
이는 그리스도가 아니냐 하니" (요한복음 4:29)

1. 사마리아 여인은 예수님을 만남으로 어떤 변화를 경험하였기에 그동안 외면하며 살았던 동네 사람들에게 예수님을 전하고 싶은 마음을 갖게 되었을까요?

2. 오늘 당신이 찾아가야 할 사마리아 여인은 누구입니까? 그리고 무엇을 전하겠습니까?

삶의 현장에서

1. 당신의 마음의 상처(쓴 뿌리)가 무엇인지 적고, 주님 앞에 내려놓는 시간을 가집시다.

2. 오늘도 당신을 만나길 원하시는 성령님께 편지를 써 보십시오.

3. 매일 말씀 묵상(Quiet Time)을 생활화하고, 일기와 비슷한 신앙저널을 적어 보시기 바랍니다.

4. 오늘 당신이 찾아가 용서하거나 혹은 용서받아야 할 사람, 특별히 예수 그리스도의 복음을 전해야 할 사람이 있다면, 그 이름을 적고 실행에 옮기시기 바랍니다.

3 말씀과의 만남 I

성경 본문 : 요한복음 14장 1~31절

성경을 읽는 자세와 성경 내용에 대한 기본적인 안내를 통해 소그룹 리더가 성경적인 가치관, 시각, 꿈을 가지도록 도와줍니다. 나아가서 성경적으로 나누고 섬기는 삶을 실천하기 위해 하나님께서 주신 목적에 관계없는 것은 버리고, 하나님께서 주신 목적을 실천하기 위해 성실한 계획을 세우고 동역자를 찾을 수 있도록 돕습니다.

먼저 오심

예수님을 알기 전에 우리가 겪은 삶의 경험과 고민들을 나누고, 이성과 양심, 근면함 등으로 그것을 해결하려던 시도와 성경적인 해결 방법을 비교합니다.

1. 사람은 늘 근심하며 사는 존재입니다. 현재 당신에게 가장 큰 근심은 무엇입니까?

2. 그 근심(걱정)을 해결하기 위해 당신은 어떤 시도를 하고 계십니까?

3. 근심하는 사람들에게 예수님은 뭐라고 말씀하십니까?(1절)

4. 예수님은 믿음의 사람들을 위해 무엇을 준비해 주신다고 말씀하십니까?(2절)

5. '집' 하면 떠오르는 말(단어)은 무엇입니까? 그런 말(단어)이 주는 느낌은 무엇입니까?

6. 예수님이 예비하신다는 처소에 대해 당신은 어떤 기대를 갖고 있습니까?

7. 도마처럼 많은 이들이 그 길을 알지 못합니다. 어떻게 그 길을 알 수 있습니까?(6~7절) 당신은 어떻게 그 길을 발견하였습니까?

8. 당신이 전적으로 신뢰할 만한 사람, 의지할 만한 사람이 있다면 그 사람은 누구입니까? 당신의 소그룹, 혹은 교회에서 누가 믿을 만한 사람입니까?

세상에 근심이 없는 사람은 없습니다. 성경은 이 근심에서 벗어나 평안한 삶을 살고, 결국 영원한 삶을 살 수 있는 길로 예수님을 제시합니다. 성경은 이 예수님을 만나고 알아가도록 도와주는 책입니다. 하나님께서는 우리가 예수님을 알기도 전에 우리가 근심과 걱정 많은 세상에서 사는 것을 안타깝게 여기시고, 예수님을 이 땅에 보내 주셨습니다. 말씀을 통해 이 예수님을 만나 보지 않겠습니까?

만나 주심

예수님을 만나고 그분이 어떤 분인지를 고백하는 과정입니다.

1. 당신과 육신의 아버지의 관계에서 먼저 생각나는 것은 무엇입니까?

2. 만약 육신의 아버지가 당신에게 잘못한 것이 있다면 가장 기억에 남는 것은 무엇입니까?

3. 당신이 아버지의 입장에서 바라본다면 아버지가 잘못한 것을 어떻게 이해할 수 있겠습니까?

4. 만약 육신의 아버지가 완벽한 인간이었다면 당신을 어떻게 대하셨을까요?

구약성경이 하늘에 계신 우리의 아버지가 어떤 분인지를 알려 준다면, 신약성경은 아버지와 아들이신 하나님과 예수님의 관계를 통해 예수님이 구세주이심을 보여 줍니다.

5. 예수님을 본 사람은 아버지를 본 것이라고 말합니다(9~11절). 예수님이 지상에서 행하신 일들을 통해 하늘에 계신 아버지의 성품을 생각해 봅시다.

오천 명을 먹이심 – 광야에서 만나를 먹이심

물 위를 걸으심 – 홍해를 가르시고 요단 강을 멈추심

죽은 나사로를 살리심 – 에스겔 골짜기의 마른 뼈를 살리심

현장에서 간음한 여인을 용서하심 – 밧세바를 범한 다윗을 용서하심

성전을 깨끗하게 하심 – 성전을 무너뜨리심

세리와 창녀를 친구로 대하심 – 니느웨의 백성들을 용서하심

바리새인들을 책망하심 – 선지자들을 통해 형식적인 제사를 비판하심

6. 예수님이 하신 일들을 보며 그가 하나님의 아들이심을 믿는 사람은 어떤 일들을 한다고 말합니까?(12절)

7. 예수님은 자기의 이름으로 구할 때 어떤 일이 일어난다고 약속하십니까?(14절)

8. 이 약속을 믿고 예수님의 이름으로 구하여 응답받은 경험을 나누어 주시기 바랍니다.

9. 당신의 소그룹에서 예수님의 이름으로 함께 기도할 때 어떤 일을 경험하였습니까?

다듬으심

예수님을 만남으로 예수님께서 당신 삶의 우선순위, 관점과 꿈을 어떻게 바꾸어 가시는지를 고백하는 과정입니다.

1. 예수님을 사랑하는 사람은 어떻게 살아갑니까?(15절) 예수님의 계명을 생각하면 당신은 어떤 내용이 먼저 떠오릅니까?

2. 계명을 지키는 일도 하나님의 영인 성령께서 도와주셔야 가능합니다. 예수님은 성령님을 '도우시는 은혜의 스승'으로 소개하십니다. 그 단어는 무엇입니까?(16절)

3. 당신은 성령의 역사하심을 어떻게 경험하였습니까? 성령세례에 대해 알고 있습니까?(사도행전 2장)

4. 성령의 도우심으로 우리에게 주어지는 선물은 무엇입니까?(27절)

5. 소그룹 사역을 통해 성령께서 당신에게 주신 선물은 무엇입니까?

6. 지금 당신이 속한 소그룹 사역을 위해 성령께서 도와주시기를 원하는 것은 무엇입니까?

성경을 역사책이나 문학책으로 읽을 수 없는 이유는 성경이 신앙공동체의 경전이기 때문입니다. 성경을 통해 그 시대의 역사를 재구성하거나 문학적인 아름다움만 찾는 사람은, 맛있는 요리를 앞에 두고 요리사가 어떤 재료를 사용하였는지, 어떤 과정으로 이 요리를 만들었는지 분석만 하고 먹지 않는 사람과 같습니다. 성령의 도우심으로 성경을 읽는 사람은 말씀을 먹고 그 말씀에 의지하며 삶의 힘을 얻는 사람입니다.

들어 쓰심

하나님께서 당신을 다듬으시는 이유는, 당신이 하나님이 주신 삶의 목적에 따라 헌신하고 계획하며, 여러 사람들과 함께 나누고 섬기는 삶을 살게 하기 위함입니다.

1. 예수님은 제자들에게 자신이 아버지에게 가는 것을 그들이 오히려 기뻐하게 될 것이라고 말씀하셨습니다(28절). 자신의 죽음을 오히려 기쁘게 생각한 인물들을 생각해 보고, 그 이유를 나누어 봅시다.

2. 육신의 생각, 욕심, 이기적인 마음을 뛰어넘어 하나님이 기뻐하시는 일을 한 경험을 나누어 봅시다.

3. 오늘 본문은 세상 임금들은 예수님과 관계할 것이 없다고 말합니다(30절). 즉 세상에서의 성공과 부는 좋은 신앙과 직접 연관되지 않을 수도 있다는 뜻입니다. 신약성경은 믿음 때문에 고난을 당한 이들의 이야기로 가득 차 있습니다. 예수님 외에 믿음으로 인해 어려움을 겪은 사람들을 찾아봅시다.

4. 믿음의 사람들이 안전하고 편안한 삶의 조건을 떠나는 이유는 무엇입니까?

5. 반대로 현재의 삶을 떠나지 못한다면 그 이유는 무엇입니까?

6. 소그룹 리더로 섬기기 위해 당신이 희생한 것들은 무엇입니까?

7. 예수님을 위해 당신에게 매일매일 주어지는 일정(시간)을 성령의 인도하심을 따라 바꿀 수 있습니까? 성령님은 당신에게 어떤 변화를 요구하고 계십니까?

성경은 우리의 지식을 풍성하게 하는 것이 아닌 우리의 인격을 다듬고 그를 통해 거룩한 삶을 살도록 돕는 것에 관심이 있습니다. 이를 위해 버릴 것을 지적해 주고, 강화할 것을 보여 줍니다. 이제 성경을 읽을 때마다 우리가 버릴 것과 얻을 것을 묵상하는 기회가 되길 바랍니다.

삶의 현장에서

하나님께서는 당신이 삶의 우선순위와 관점, 꿈을 바꾸고, 인생의 목적을 찾는 일, 삶의 새로운 계획을 세우는 일에 헌신하기를 원하십니다. 또한 소그룹 사역을 통해 함께 일할 사람을 만나고, 함께 섬기면서 하나님의 역사를 경험하기를 원하십니다. 이를 위해 지킬 것과 버릴 것을 구별할 때, 당신은 변화된 삶을 살 수 있습니다.

다음의 본문을 읽고 소그룹에서 사용할 질문을 직접 만들어 보십시오.

이사야 61장 1~11절

1. 인생의 꿈과 관련된 질문(1~3절)

2. 삶의 목적과 관련된 질문

3. 이러한 하나님의 꿈 중에서 내 인생의 목적으로 삼은 것은 무엇입니까?

4. 삶의 목적 달성을 위한 계획과 관련된 질문

5. 나눌 것을 나누는 결단과 관련된 질문(4절)

6. 고난에 대한 시각과 관련된 질문(7절)

7. 동역자를 찾는 일과 관련된 질문

말씀과의 만남 II

성경 본문 : 욥기 1장 1~22절

소그룹 리더는 삶의 현장에서 경험하는 인간의 고난과 행복에 대해 말씀 중심적 시각을 가져야 합니다. 욥의 이야기를 통하여 신앙의 사람들이 경험하는 고난에 대한 바른 이해와 믿음의 응답에 대해 도전받게 됩니다.

예수 믿고 구원 받은 성도에게도 고난은 찾아옵니다. 하나님의 뜻대로 살려고 애쓰는 이들에게도 고난은 찾아옵니다. 그럴 때 고난이 어떤 의미를 가지는지, 고난에 대한 성경적인 시각이 정립되어 있지 않으면 신앙이 흔들리거나 믿음의 모습이 왜곡되기도 합니다. 그래서 예수님을 만나는 것 못지않게 중요한 것이, 예수님을 구주로 영접하고 하나님의 자녀로 사는 동안 겪는 고난에 대해 미리 알고 대비하는 것입니다. 이번에는 욥기를 통해 고난의 원인과 어떻게 하면 고난을 믿음으로 이겨 내어 오히려 축복의 기회로 삼을 수 있는지 알아보고, 소그룹 멤버들이 고난을 믿음으로 극복할 수 있도록 어떻게 도와야 하는지를 배우게 됩니다.

먼저 오심

우리가 삶의 현장에서 경험하는 고민들을 나누고, 이성과 양심, 근면함으로 그것들을 해결하려던 시도들과 성경적인 해결 방법을 비교해 봅니다.

1. 지금 현재 당신이 직면한 문제는 무엇입니까? 당신은 어떻게 그 문제를 풀어 가고 있습니까?

2. 욥기 1장 12절 말씀을 통해 우리가 겪는 고난과 시련 중에 어떤 것은 우리의 잘못 때문이 아닐 수도 있다는 생각을 하게 됩니다. 우리의 문제가 우리의 잘못이나 실수 때문이 아니라면 어떤 다른 이유라고 생각하십니까?

3. 사탄은 하나님을 예배하고 찬양하는 사람들을 향해 그들이 왜 하나님을 찬양한다고 빈정대고 있습니까?(9~10절) 사탄이 말하는 이유에 대해 어떻게 생각하십니까?

4. 하나님께서 사탄의 활동을 허락하시면서 욥에 대해 자신하셨던 내용은 무엇입니까?(8절)

5. 사탄이 욥을 시험하기 전에 하나님은 어떻게 욥과 함께하셨다고 생각하십니까? 욥이 시험을 받기 전에 이미 그와 함께하셨던 하나님은 오늘 당신과 어떻게 함께하십니까?(1~5절)

6. 당신이 하나님을 찬양하는 이유는 무엇입니까?

7. 당신은 언제 찬양하십니까? 당신이 힘들고 어려울 때 하나님을 찬양해 본 경험이 있습니까? 그때 당신의 마음은 어떠했습니까? 찬양은 어떤 유익을 주었습니까?

사탄은 우리가 하나님께 받은 물질과 건강, 복 때문에 하나님을 찬양한다고 빈정댑니다. 그러나 하나님은 우리가 그런 복을 받지 않아도 하나님을 찬양할 것이라고 확신하십니다. 아니, 오히려 아무런 이유도 없이 고난을 당한다고 해도 하나님을 찬양하는 마음은 변치 않을 것이라고 확신하십니다. 당신은 당신을 향한 하나님의 이 확신이 틀리지 않다고 자신할 수 있습니까?

(시편 50편 14~15, 23절과 데살로니가전서 5장 16~18절 말씀을 읽고 묵상하는 시간을 가지십시오.)

만나 주심

욥이 고난 속에서 하나님을 만난 것처럼 우리 역시 고난 속에서 어떻게 하나님을 만날 수 있는지 살펴보는 과정입니다.

1. 욥기 1장에 나타난 하나님은 어떤 분이십니까?(6~12절)

2. 하나님의 욥에 대한 믿음은 어느 정도입니까?(8, 12절)

3. 욥은 고난 속에서 어떻게 하나님을 만났습니까? 그때 욥은 하나님을 향하여 어떤 생각이나 감정을 가지게 되었을까요? (16~17, 19~22절)

4. 당신도 이유를 알 수 없는 고난을 경험한 적이 있었습니까? 당신이 고난 속에서 만났던 하나님에 대한 경험을 나누어 보십시다.

5. 욥기 마지막 부분을 살펴보면 하나님에 대한 욥의 고백이 변합니다. 다음의 본문에서 하나님에 대한 욥의 신앙고백을 찾아봅시다.

3:1, 23

6:14

9:31~32

40:1~5

42:1~6

6. 고난 중에 느끼는 하나님의 모습과 고난이 다 지나고 난 후의 하나님의 모습 중에 어떤 것이 하나님의 진짜 모습입니까?

7. 만약 당신이 맡고 있는 소그룹에 극한 어려움에 처하여 하나님의 은혜와 인도하심을 의심하고, 원망하고, 시험에 든 교우가 있다면 어떻게 그를 도울 수 있을까요?

8. 욥은 하나님을 향해 원망하는 어리석은 일을 하지 않았다고 말합니다.(22절)
믿음의 사람들은 말씀 앞에서 세상 사람들과는 다른 인생의 태도를 가진 것을 성경은 자주 증언합니다. 다음에 나오는 인물들은 어떻게 하나님을 믿고 고백하고 있습니까?

창세기 22:1~3 아브라함

신명기 34:4 모세

에스더 4:16 에스더

다니엘 3:18 다니엘의 세 친구들

고린도전서 9:25 바울

히브리서 11:1~16 믿음의 영웅들

우리는 인생에서 기대하지 않았던 좋은 일을 만났을 때 "왜 나입니까?" 라고 잘 묻지 않습니다. 그런데 뜻하지 않은 고난을 당하면 "왜 나입니까?" 하고 묻게 됩니다. 하나님께서 좋은 것을 주실 때에도, 그것을 취하실 때에도 우리에게 언제나 그 이유를 설명하지 않으십니다. 그러나 하나님은 좋은 하나님이며 나를 믿어 주시는 하나님이라는 확신 갖기를 기도합니다. 내가 만난 하나님이 어떤 하나님인가를 고백하는 과정에서 그 하나님에 대한 신뢰가 나의 모든 것에 영향을 미칠 것입니다.

다듬으심

고난을 통해 하나님을 향한 나의 시각이 어떻게 바뀌었는지 살펴보고, 하나님을 더욱 신뢰하도록 결단하는 시간입니다.

1. 당신의 실수와 잘못 때문에 당하는 고난이 있습니다. 어떻게 이겨낼 수 있었습니까?

2. 다른 사람의 잘못 때문에 당신이 어려움에 처하기도 합니다. 하나님께서 어떻게 도우셨습니까?

3. 다른 사람을 살리기 위해서 당신이 경험한 시련과 고난이 있을 것입니다. 하나님께서 어떻게 복을 주셨습니까?

4. 당신을 살리기 위해 다른 사람이 겪은 시련과 고난이 있을 것입니다. 그 사람은 누구였습니까?

5. 고난으로 다가왔지만 후에 하나님의 은혜요, 복이었던 경험은 무엇입니까?

6. 욥은 고난을 통하여 하나님에 대한 신앙이 더욱 깊어졌습니다. 당신도 고난을 경험한 후 하나님에 대한 신앙이 성숙한 경우가 있습니까? 그런 경험을 나누어 주시기 바랍니다.

7. 고난을 통한 신앙 성숙 이후, 하나님에 대한 당신의 태도, 고난에 대한 당신의 태도는 어떻게 변하였습니까?

8. 소그룹을 인도하면서 리더의 실수가 아니라 사람들 사이의 관계에서 어려운 일을 경험하기도 합니다. 이유 없는 어려움일 수 있습니다. 그 속에서 당신이 경험한 하나님은 어떤 분이십니까?

고난은 하나님께서 우리를 다듬기 위해 사용하시는 도구입니다. 고난을 통해 우리는 죄를 회개하고 인생의 참된 우선순위를 알게 되며, 하나님의 꿈에 동참하게 됩니다. 고난은 성숙의 기회입니다. 그래서 고난은 축복의 통로가 됩니다. 그것은 하나님이 언제나 옳다는 믿음으로 가능합니다. 당신에게 그런 확신이 있습니까?

들어 쓰심

하나님께서 우리에게 고난을 허락하신 이유는 고난을 통하여 우리를 훈련시키시고 변화시키심으로 상처 받은 치유자로 헌신할 수 있게 하기 위함입니다.

1. 과거의 경험, 상처, 아픔 때문에 아직도 마음에 치유되지 못한 상처가 있을 수 있습니다. 당신에게 여전히 회복되지 않은 마음의 상처가 있다면 어떤 것입니까?

2. 당신이 경험한 고난과 어려움은 비슷한 처지에 처한 다른 이들을 더 잘 이해하고 위로할 수 있게 합니다. 당신에게 그런 경험이 있다면 함께 나누어 봅시다.

3. 하나님은 욥에게 비난했던 친구들을 용서하고 축복기도를 해 주라고 명하셨습니다(욥기 42:7~10). 하나님은 왜 그런 명령을 하셨습니까?

4. 다른 사람에 대한 당신의 마음과 생각, 태도가 바뀌게 되어 전혀 기대하지 않은 좋은 결과를 얻은 경험이 있다면 나누어 주시기 바랍니다.

5. 지금까지 당신이 직면한 문제를 해결하려고 했던 방법은 무엇입니까? 성경적인 문제 해결 방법은 어떤 것입니까? 고난 속에서 어떻게 하는 것이 성경적으로 극복하는 길입니까?

6. 당신은 고난을 겪으면서 자신에게서 어떤 신앙인의 모습을 발견할 수 있었습니까? 소그룹 리더로서 섬기기 위해 당신에게는 어떤 노력이 필요합니까?

성경은 믿음의 사람들에게 고난에서 면제된 삶을 약속하는 대신 고난을 이겨낼 힘을 준다고 약속합니다. 병균 없는 세상을 만든다는 약속은 허황된 거짓말입니다. 그러나 병균을 이길 체력을 기르자는 권면은 실천적인 권면입니다. 영적인 유혹도, 시험도, 핍박도 없는 세상은 우리가 죽어 천국에 갈 때 이루어질 것입니다. 현재 육신을 가진 우리는, 늘 우는 사자와 같이 우리를 시험하는 세상에서 우리의 영을 정금 같이 단련하여 하나님 나라를 확장하는 데 쓰임 받는 귀한 일을 감당할 수 있어야 합니다.

삶의 현장에서

하나님께서는 당신이 삶의 우선순위와 관점, 꿈을 바꾸고, 인생의 목적을 찾는 일, 삶의 새로운 계획을 세우는 일에 헌신하기를 원하십니다. 또한 소그룹 사역을 통해 함께 일할 사람을 만나고, 함께 섬기면서 하나님의 역사를 경험하기를 원하십니다. 이를 위해 지킬 것과 버릴 것을 구별할 때, 당신은 변화된 삶을 살 수 있습니다.

다음의 본문을 읽고 소그룹에서 사용할 질문을 직접 만들어 보십시오.
우리 삶의 구체적인 터전에서 고난을 새롭게 볼 수 있는 질문이어야 합니다.

욥기 2장 1~13절

1. 고난을 통해 배울 수 있는 하나님의 뜻에 대한 질문(3절)

2. 고난이 주는 유익에 대한 질문(3, 10절)

3. 사탄의 정체에 대한 질문(4~5절)

4. 하나님의 공의와 사랑에 대한 질문(6절)

5. 고난의 원인에 대한 질문(7~8절)

6. 고난 받을 때 가져야 하는 성경적인 태도에 대한 질문(9절)

7. 고난을 당할 때 친구들의 역할에 대한 질문(11~13절)

8. 고난당하는 자들을 찾아가 할 수 있는 일에 대한 질문(12~13절)

9. 실제 적용할 수 있는 구체적인 결단에 대한 질문(8, 10, 13절)

예배와 섬김 I

성경 본문 : 요한복음 4장 1~42절

소그룹 리더로서 예배에 대한 자신의 생각과 개념을 정리하고, 예배의 경험을 나눔으로 예배를 통한 삶의 변화에 대해 나누게 됩니다. 그리고 어떻게 소그룹 예배를 통하여 하나님을 만나고, 하나님의 뜻을 따라 삶을 변화시켜 나갈 수 있는지 살펴봅니다.

먼저 오심

우리가 하나님을 찾기 전에 하나님께서 우리를 먼저 찾아오십니다.

1. 당신이 예배를 드리는 이유는 무엇입니까?

2. 예배에 빠졌을 때 죄책감을 느껴 본 적이 있습니까? 각자의 경험을 나누어 봅시다.

예수님은 갈릴리로 가시는 길에 사마리아를 지나십니다.

3. 예수님이 사마리아를 지나가신 이유는 무엇일까요?(4, 7~10절)

4. 본문을 보면 예수님은 사마리아 여인이 와 달라고 부탁하지 않았지만 수가성 우물 곁에서 그 여인을 기다리고 계셨습니다(4~7절). 이것은 무엇을 의미할까요? 예수님이 여인을 먼저 찾아가신 이유는 무엇이라고 생각하십니까?

5. 사막에서의 더위를 상상해 봅시다. 왜 예수님은 하필 정오(제 육시쯤)에 우물가에 가셨다고 생각하십니까?(6~8절)

6. 당신이 예수 그리스도를 구주로 고백하기 전에 예수님이 먼저 당신을 찾아오신 이유는 무엇이라고 생각하십니까?

7. 당신이 소그룹 리더가 되는 과정 중에 하나님께서는 어떻게 먼저 당신을 찾아오셨다고 생각하십니까?

8. 당신이 소그룹 리더로서, 소그룹 회원들이 그들의 삶 속에 하나님께서 먼저 찾아오셔서 기다리고 계신다는 것을 이해하도록 도울 수 있는 방법은 무엇입니까?

그리스도의 제자를 만드는 것이 교회의 사명이라면, 이 사명에 예배가 끼치는 영향은 말로 다 표현할 수 없습니다. 그러므로 예배와 섬김은 서로 불가분의 관계입니다. 예배의 의미에 대해 진지하게 다시 생각해 봐야 할 이유가 바로 여기에 있습니다.

먼저 예배는 '나'와 '나의 경험'을 중시하는 경향에서 벗어나 하나님과 예수 그리스도를 섬기는 일을 더욱 중시하도록 돕습니다. 또한 예배는 하나님을 만나고, 하나님께 자기를 드리며, 하나님의 뜻을 분별하는 시간입니다. 예배는 온 성도가 하나 되는 믿음의 공동체로서의 교회에 대해 더욱 관심을 갖게 하고, 섬김을 통해 하나님께 영광을 돌릴 수 있는 거룩한 행위로 우리의 관심을 전환시켜 줍니다.

궁극적으로 '예배는 그의 백성에게 행하신 하나님의 권능에 대한 사람들의 응답'이라고 할 수 있습니다. 예배는 하나님과 사람 사이에 이미 일어난 영적 관계를 다시 확인하고 계속 반복하는 것입니다. 그러므로 예배에는 신적인 면과 인간적인 면이 함께 공존합니다. 하나님께서는 예배를 통해서 친히 구원의 이야기를 전하고 실현해 가십니다. 이러한 구원의 이야기란 창조와 타락, 예수의 성육신과 십자가에서의 죽으심과 부활, 그리고 다가올 새 하늘과 새 땅을 통해 이루어질 구원의 완성을 일컫습니다. 사람들은 구원의 이야기를 예배 내의 기도와 찬송, 설교와 간증 그리고 성례전 참여 등을 통해 경험하고, 이야기 속으로 들어가 자신도 그 구원사의 일부가 됩니다. 이처럼 예배를 바르게 이해하고 드릴 때, 성도는 예배의 형식과 내용까지 포함하여 참된 복음 안으로 들어가게 됩니다. 또한 성도는 예배를 통하여 삶의 바른 모습을 갖게 되고, 그렇게 살기 위해 노력하게 됩니다. 이처럼 예배는 예배를 드리는 사람들뿐만 아니라 비그리스도인들을 위한 외적인 증거도 되는 것입니다.

예배를 통해서 은혜를 체험한 성도는 새 힘과 용기를 얻을 수 있고, 예배에 참석한 믿지 않는 사람들은 구원으로 인도하는 하나님의 초청을 받아들여 응답할 수 있게 됩니다. 그래서 교회는 예배 공동체이며 동시에 섬김의 공동체인 것입니다.

예배의 성례전

기독교 예배에서 가장 중요한 거룩한 예전(聖禮)인 세례와 성만찬은 죄인이었던 우리에게 열려 있는 하나님 나라로의 첫 초대장이며, 그 초청에 응답한 믿음의 사람들에게는 하나님의 은혜를 경험하는 통로가 됩니다.

만나 주심

하나님께서는 예배를 통해 우리와 만나시고 우리의 삶을 변화시키시는 살아 계신 분입니다. 예수님을 만난 후, 특별히 예배에서 하나님을 경험한 당신의 모습을 나누어 봅시다.

1. 당신이 예배에 참여할 때, 가장 중요하게 생각하거나 느끼는 부분은 무엇입니까?

2. 당신의 예배 경험 가운데 가장 기억에 남는 예배는 언제였습니까? 그 이유는 무엇입니까?

예수님과 사마리아 여인의 대화는 상식에서 벗어나는 행동입니다.

3. 예수님이 보여 주신 행동은 왜 사마리아 여인을 놀라게 했습니까?(9절) 당신이 사마리아 여인이라면 어떤 반응을 보이겠습니까?

4. 예수님이 사마리아 여인에게 '생수'에 대해 말씀하신 이유는 무엇이었을까요?(10~15절)

5. 예수님이 사마리아 여인을 만나셨을 때 그 여인의 삶에서 어떤 부분에 먼저 관심을 보이셨습니까?(13~19절)

6. 예수님이 당신의 삶 중 어떤 부분에 가장 많은 관심을 가지고 계신다고 생각하십니까? 왜 그렇게 생각하십니까?

7. 사마리아 여인은 예수님이 누구신지를 깨닫고서야 예배의 참 의미를 이해하였습니다(23~26절). 당신에게 예수님은 어떤 분이십니까?

8. 예수님은 당신이 소그룹 리더의 역할을 잘 감당하도록 당신보다 먼저 소그룹 모임을 생각하시고, 계획하신다는 것을 믿을 수 있습니까? 그렇다면 당신이 소그룹을 인도해야 하는 데서 느끼는 부담감이나 책임감에 어떤 변화를 경험할 수 있을까요?

다듬으심

하나님께서 기뻐하시는 예배를 드리기 위해 당신은 어떠한 노력을 하고 있는지 생각해 보고, 이를 위한 삶의 우선순위와 관점의 변화에 대해 생각해 봅시다.

1. 신앙생활을 하면서 당신의 예배 태도에서 변한 것이 있다면 어떤 부분입니까?

2. 예수님은 사마리아 여인의 삶의 문제뿐만 아니라 예배에 대한 생각도 바꾸어 주셨습니다(21~24절). 어떻게 바꾸어 주셨습니까? 그 생각을 그렇게 바꾸어 주심으로 그 여인의 예배생활은 어떻게 달라졌을 것이라고 생각하십니까?

3. 당신이 속한 소그룹 예배를 드리기에 가장 적합한 장소는 어디라고 생각하십니까? 그 이유는 무엇입니까?

4. 사마리아 여인을 만나 주신 예수님은 여인의 예배에 대한 관점을 변화시켜 주셨습니다. 당신이 예수님을 만나기 전에 생각했던 예배와 예수님을 만나고 난 후에 생각한 예배에는 어떤 차이가 있습니까?

5. 예배 가운데 하나님의 거룩한 임재를 느껴 본 적이 있습니까? 어떤 경험이었습니까? 그러한 예배를 드리기 위해 지금 당신이 해야 할 일은 무엇입니까?

예수님은 사마리아 여인에게 "신령과 진정으로(개역한글), 영과 진리로(개역개정/새번역)" 예배하는 때가 올 것이라고 말씀하셨습니다.
(요한복음 4:24)

6. '영과 진리'로 드리는 예배는 어떤 예배일까요?(요한복음 4:20~24; 로마서 12:1~2)

7. 소그룹 회원들이 신령과 진정으로 하나님을 예배함으로써 하나님을 만나고 삶의 변화를 경험하도록 도우려면 어떻게 해야 할까요?

8. 신령과 진정으로 드리는 예배라면 우리는 모든 예배를 통하여 하나님을 만날 수 있어야 합니다. 그럼에도 불구하고 예배를 통해 하나님을 만나지 못하는 이유는 무엇인가요?

9. 당신은 집에서 가정예배를 드리고 계십니까? 드리고 있다면 그 장점은 무엇입니까? 드리고 있지 못하다면 왜 가정예배가 어렵습니까?

예배자로 부름 받은 당신에게

소그룹 예배

- 예배는 하나님의 살아 계심을 기대하고 인정하는 데서 출발합니다.
- 하나님은 우리를 주관적으로 만나시고, 언제 어디서나 우리에게 힘과 위로를 주시는 분임을 기억해야 합니다.
- 하나님의 말씀은 삶의 현장과 밀접하게 연관되어 있으므로 모든 크고 작은 일에 중요한 지침이 되어야 합니다.
- 예배의 목적은 우리 삶의 변화를 통하여 하나님께 영광 돌리는 일에 있음을 상기해야 합니다.
- 예배는 매일매일의 삶과 동떨어지지 않아야 합니다.
- 성도가 함께 모여 '드리는' 거룩한 행위가 예배입니다.
- 누구나 하나님께 가까이 나아갈 수 있도록 도와야 합니다.
- 중요하지 않다고 생각하는 것들 속에서 중요성을 발견해야 합니다.
- 우리의 삶에서 기쁨을 발견하는 예배가 되도록 준비해야 합니다.
- 소그룹 예배는 기도가 곧 일상의 삶, 숨 쉬는 일임을 보여 주어야 합니다.
  (데살로니가전서 5:17, "쉬지 말고 기도하라.")
- 예배는 자신의 은사를 통해 섬기는 시간입니다.
- 다양한 창의력을 살려 소그룹으로 예배할 수 있습니다.
- 개인의 중요한 일들도 배려해야 합니다.

대그룹 예배

- 항상 기도로 준비해야 합니다.
- 교회를 '한몸' 되게 하는 예배가 되어야 합니다.
- 예배는 성례전적이어야 합니다. 예배의 다양한 요소들을 통하여 모두 하나님의 은혜를 경험하도록 도와야 합니다.(촛불, 물, 재, 기름, 빵, 포도주, 천, 사용하는 용기들, 포옹, 웃음 등)
- 예배에 참여하는 사람들은 하나님 만나기를 갈망한다는 사실을 명심해야 합니다.
- 예배를 통한 신앙고백이 일상의 삶 속에서 '세례' 서약 생활 중심으로 고백되어야 합니다.
- 예배는 매일매일의 삶을 통하여 드려야 합니다. 주일예배와 삶의 연결, 봉사와 선교

가 하나로 묶여야 합니다.

- 예배를 통해 창조적인 사역의 모습이 나타납니다.
- 신학적 용어는 이해하기 쉽게 설명해야 합니다.
- 서로에게 다른 문화가 있음을 주지해야 합니다.
- 가능하면 포용적인 언어를 사용해야 합니다.
- 특정 연령이나 계층의 사람이 아닌, 예배에 참여할 수 있는 모든 사람을 염두에 두어야 합니다.
- 장로, 권사, 집사 및 평신도 모두가 참여하도록 격려해야 합니다.
- 교회력과 교회력에 따른 말씀은 균형 잡힌 예배를 준비할 수 있게 합니다.
- 국가 공휴일도 염두에 두어야 합니다.
- 예배 환경을 위해 눈에 잘 띄지 않는 것들에도 주의를 기울여야 합니다. 예배 환경 개선을 위해 계속해서 노력해야 합니다.
- 예수를 그리스도로 고백하는 것, 성부 · 성자 · 성령 하나님을 믿는 것, 말과 행동에서 악한 세력을 물리치는 것, 성경을 읽고 그 가르침에 따라 생활하는 것, 교회의 일원으로 사역에 참여하며, 기도, 재물, 시간과 재능을 드려 교인의 의무를 다하는 것 등.

들어 쓰심

하나님께서는 예배를 통해 우리는 물론 교회를 변화시키시고, 이를 통해 우리 주변에서 일어나는 사건에 개입하기 원하십니다. 하나님이 예배를 통해서 당신에게 원하는 변화는 무엇인지 생각해 봅시다.

1. 사마리아 여인이 자신을 찾아오신 분이 구세주라는 것을 깨닫고 난 후 어떤 일이 벌어졌습니까?(28~30절)

2. 예수님은 사마리아 여인을 변화시키시고 수가성에 꼭 필요한 사역자로 삼으셨습니다. 소그룹 리더인 당신은 예배를 통하여 어떤 변화를 경험하십니까?

3. 삶의 현장(직장, 교회, 가정)에서 하나님의 임재를 느낄 때는 언제입니까?

4. 주일예배에는 찬양, 기도, 설교, 헌금 등 많은 순서가 있습니다. 어떤 순서가 당신에게 가장 큰 은혜와 감동이 됩니까?

5. 이러한 예배의 감동과 은혜를 어떻게 하면 당신이 속한 소그룹 예배에서 경험할 수 있을까요?

교회는 '모인 회중' 인 동시에 사역을 위해 '흩어진 회중' 입니다. 다시 말해서, 교회는 부르심을 받은 회중의 모임이자 보내심을 받은 회중이라는 뜻입니다. 교회의 이러한 이중적 기능은 숨을 들이마시고 내뿜는 것과 같이 하나로 연결되어 있는, 없어서는 안 될 중요한 요소입니다.

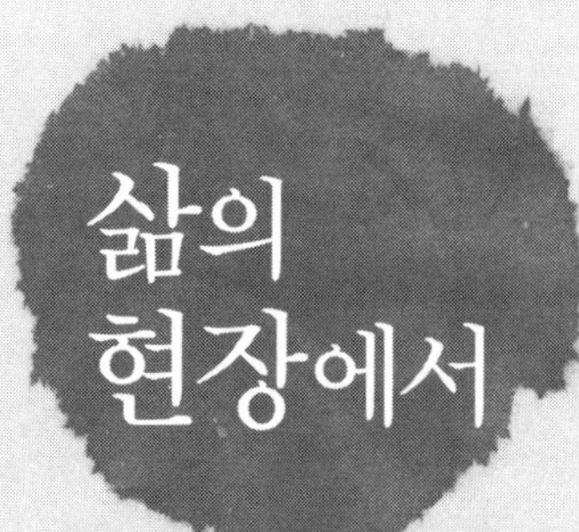

삶의 현장에서

소그룹 예배를 위한 소그룹 리더, 나의 서약

나는 소그룹 예배에 하나님의 임재하심을 위해 매일 기도하겠습니다.

나는 소그룹 회원들의 예배 참석을 방해하는 여건과 상황이 극복되도록 기도하겠습니다.

나는 소그룹 회원들을 위해 매주 2회 이상 기도하겠습니다.

나는 소그룹 회원 가정의 자녀들을 위해 매주 2회 이상 기도하겠습니다.

나는 소그룹 예배의 찬양, 삶의 나눔을 위해 최선을 다해 준비하겠습니다.
찬양은 미리 불러 보고, 삶의 나눔은 말씀을 읽고 묵상으로 준비할 것입니다.

나는 소그룹 예배의 기도 순서에 모든 구성원이 골고루 참여하도록 격려하겠습니다.

나는 의미 있는 소그룹 예배가 되도록 항상 새로운 아이디어를 찾겠습니다.

나는 일주일에 한 사람 이상, 소그룹 회원을 직접 만나겠습니다.

나는 소그룹 예배에 결석한 사람에게 사랑의 인사를 전하겠습니다.

나는 예배 장소를 제공하는 가정을 위해 협력하겠습니다.

나는 모든 회원들이 소그룹 예배에 참여하도록 연락하겠습니다.

나는 우리 교회의 다른 소그룹 예배를 위해 매주 기도하겠습니다.

예배와 섬김을 위한 나의 서약

나는 매주일 예배에 참여하겠습니다.

나는 주중에 있는 예배와 교회 행사에 참여하기 위해 노력하겠습니다.

나는 성찬에 참여하고 그 은혜를 사모할 것입니다.

나는 주일예배를 위해 일주일에 한 번 이상 기도하고 준비할 것입니다.

나는 예배를 돕는 이들과 설교자를 위해 일주일에 한 번 이상 기도할 것입니다.

나는 교회의 중보기도 제목을 위해 일주일에 한 번 이상 기도하겠습니다.
(교우, 리더, 소그룹 사역, 선교사들과 세계 평화, 지도자들을 위해)

나는 예배에 참여하는 이들과 방문자를 위해 기도하겠습니다.

나는 일주일에 한 번 이상 나의 도움이 필요한 사람들을 위해 기도하고 방문하겠습니다.

나는 외로워하는 사람들과 도움이 필요한 사람들을 위해 일주일에 한 시간 이상을 할애할 것입니다.

나는 하루에 한 시간 이상 나의 자녀들과 함께하겠습니다.

나는 하루에 한 번씩 가족들과 의미 있는 시간을 가지도록 노력할 것입니다.

6 예배와 섬김 II

성경 본문 : 사도행전 2장 1~47절

부름 받은 성도들이 모여서 함께 드리는 예배의 목적과 기능에 대해 생각해 보고, 예배를 통하여 우리 삶의 터전에서 하나님의 나라가 어떻게 확장될 수 있는지 살펴봄으로써 섬김을 통한 선교와 예배가 하나로 연결되어 있음을 다시 확인합니다.

먼저 오심

예배는 사람들이 고안해 낸 것이 아니라 '하나님의 선물' 입니다. 하나님은 예배를 통하여 하나님의 거룩한 임재를 경험하도록 우리를 초대하십니다. 이러한 초대는 개인적이면서 동시에 공동체적입니다. 성경은 하나님의 백성들이 모이는 곳에 하나님이 현존하실 뿐 아니라, 개개인의 변화된 삶을 통하여 하나님 나라가 확장되기를 원하신다고 증거합니다.

1. 당신은 예배를 어떻게 준비하십니까? 예배를 준비하다가 하나님의 임재와 은혜를 어떻게 경험하셨습니까?

2. 하나님은 제자들에게 성령으로 세례를 주시기 전에 그들을 어떻게 준비시키셨습니까?(사도행전 1:13~14)

3. 당신이 하나님께 예배하기 위하여 희생해야 하는 것은 어떤 것들입니까? 그런 것을 희생해 가면서까지 하나님을 예배한다는 것은 이미 어떤 은혜를 받았다는 것입니까?

4. 오순절에 성령을 체험한 사람들은 어디에 모여 있었습니까? 그 이유는 무엇이라고 생각하십니까?(1~2절) 오늘 당신에게 그런 장소가 있습니까?

5. 각 사람이 성령 충만하여 받은 은사는 무엇이었습니까? 그 이유는 무엇이라고 생각하십니까?(3~13절) 당신이 받은 '은사'는 무엇입니까?

6. 베드로의 설교를 오늘 당신에게 주시는 하나님의 말씀으로 듣는 훈련이 필요합니다(14~36절). 순서에 상관없이 임의로 나누어 자신에게 주는 말씀으로 정리해 봅시다.

7. 성령을 선물로 받기 위해서는 어떠한 삶의 변화가 필요할까요?

8. 우리에게 성령을 선물로 주시는 이유는 무엇일까요?

교회가 그의 진정한 사명을 잘 감당할 때, 교회는 세상 속에서 하나님이 살아 계심을 증거함은 물론 세상을 섬기는 신앙 공동체가 될 수 있습니다. 이것은 교회가 단순히 은혜의 통로에 그치지 않고 더 나아가 하나님의 은혜가 가장 잘 드러날 수 있는 곳이라는 뜻이기도 합니다. 그러므로 교회가 복의 근원이 될 때, 사회적 구원의 통로까지 될 수 있습니다.

교회가 개 교회 회중만을 위해 존재하면 영적인 병에 걸리지만, 선교적 사명과 사회를 위한 봉사를 계속한다면 오히려 그 존재의 한계를 뛰어넘을 수 있습니다. 사도행전 2장은 이러한 교회의 모습에 대해 증거합니다. "그들이 사도의 가르침을 받아 서로 교제하고 떡을 떼며 오로지 기도하기를 힘쓰니라."(사도행전 2:42) 이처럼 선교적 사명을 다하던 교회의 모습이 고린도전서에도 나타나는데, 그들은 복음을 전하며 다른 사람들이 은혜를 체험하도록 자신의 교제 장소를 기꺼이 내주었을 뿐만 아니라 주님의 성찬을 기념하는 일에 힘쓰면서 세상을 위한 중보와 하나님의 역사를 전하는 데 노력했습니다(고린도전서 11:26). 그러므로 교회의 근본적인 기능은 증거하는 것과 성도의 교제, 그리고 따로 또 같이 봉사하는 것입니다.

목회와 사역

목회는 교회가 세상을 섬기는 사역이라 말할 수 있습니다. 즉 교회는 단순한 '봉사기관' 이 아니라 봉사를 통해 세상을 변화시키고 하나님의 구원 사역을 이루어 가는 것을 중요한 사역으로 삼는다는 뜻입니다.

만나 주심

하나님은 예배를 통해서 우리를 만나기를 원하십니다. 하나님은 예배를 통하여 우리를 어떻게 만나 주시는지, 그리고 그런 만남을 통하여 우리에게 어떤 은혜를 주시는지 살펴봅시다.

1. 하나님과 만나는 예배와 교회 밖에서 만나는 다른 모임의 차이점은 무엇입니까? 당신이 속한 소그룹의 예배가 당신의 신앙생활에 어떤 영향을 주고 있습니까?

2. 교회 밖의 사귐과 교제에 대한 경험을 나누어 보고(직장, 동문회, 향우회, 사업 관련 모임, 계 모임 등등) 교회의 대그룹 예배와 소그룹 예배가 믿지 않는 사람들에게 어떤 기능을 할 수 있을지 생각해 봅시다.

3. 하나님은 여러 예배를 통하여 조금씩 다른 방법, 또는 다른 모습으로 우리를 만나 주십니다. 하나님께서 주일예배, 수요예배, 새벽기도회, 금요심야기도회, 속회를 통해 당신을 어떻게 만나 주십니까?

4. 사도행전 2장에서 하나님은 오순절 사건을 통하여 제자들을 강하게 만나 주셨습니다. 그리고 그런 만남으로 인해 제자들의 삶은 확실히 변화했습니다. 우리 교회의 예배를 통하여 하나님께서 당신이 경험하기를 원하시는 것은 무엇입니까?

5. 당신의 신앙 성장과 성숙을 위해 소그룹 모임에서 다른 성도와 교제를 나누고 있습니까? 어떠한 교제에 참여하고 계십니까?

6. 당신의 첫 성찬식을 기억합니까? 당신은 성찬을 통하여 하나님의 은혜를 어떻게 경험하였습니까?

다듬으심

초대교회에서는 여러 변화와 이적이 일어났습니다. 오늘 당신에게, 그리고 당신이 섬기는 교회에 예배를 통하여 어떠한 변화가 일어나고 있는지 생각해 봅시다.

1. 하나님은 온 맘과 정성을 다해서 사모하는 마음으로 하나님께 예배하고 기도하는 제자들을 성령 충만함으로 만나 주셨을 뿐 아니라 또한 그들을 다듬어 주셨습니다. 그들이 체험한 하나님의 다듬으심, 변화는 어떤 것이었습니까?(42절)

2. 본문에서 말하는 '기사와 표적' 중 가장 중요한 것은 어떤 것이라고 생각하십니까?(43~45절)

3. 하나님께서 초대교회에 보여 주신 기사와 표적들은 제자들에게 어떤 의미가 있었습니까? 오늘의 예배를 통하여 당신을 만나 주시고, 당신의 생각과 삶을 다듬어 가시는 하나님은 어떤 계획을 가지고 계신다고 생각하십니까?

4. 하나님의 계획대로 당신의 모습이 온전히 다듬어진다면 주변에 있는 사람들과 당신의 관계가 어떻게 달라질까요? 믿지 않는 친구들은 당신에게 어떠한 반응을 보일까요?

5. 예배는 정해진 시간에 교회에서만 드리는 것이 아닙니다. 개인적으로 하나님의 말씀인 성경을 읽고 묵상하는 것도 예배입니다. 개인적인 기도생활도 하나님께 드리는 예배입니다. 당신의 경건생활은 현재 어떠합니까?

들어 쓰심

하나님은 교회를 구별하여 세우시고, 교회를 통해 당신의 계획을 보이시며, 우리를 그 도구로 삼아 참여하도록 초대하십니다. 우리 각자가 속해 있는 교회를 통하여 어떻게 그런 초대에 응답할 수 있는지 생각해 봅시다.

1. '집에서 떡을 떼며 음식을 나누었다'는 것은 구체적으로 무슨 의미입니까?(46절)

2. '온 백성에게 칭송을 받았다'는 것은 무슨 뜻입니까?(47절) 지금 우리는 어떠한 일들을 할 수 있습니까?

3. 당신과 당신 가족, 당신이 속한 소그룹이 교회와 지역 사회 공동체를 위해 어떤 봉사를 할 수 있습니까?

4. 하나님께서 당신에게 어떤 은사를 주셨다고 생각하십니까? 당신은 소그룹 리더로서 갖추어야 할 은사 중에 어떤 은사를 받았습니까? 하나님은 당신이 그 은사를 어떻게 사용하기를 원하실까요?

5. 당신이 교회 안에서 더 적극적으로 참여할 수 있는 사역은 무엇입니까?

6. 당신의 삶의 자세와 비전을 바꾸어 놓은 예배를 드린 경험이 있습니까? 어떤 변화가 있었습니까?

7. 당신의 소그룹에 속한 개인이나 소그룹 전체가 교회의 예배와 섬김을 위해 감당할 수 있는 일은 무엇입니까?

삶의 현장에서

로마서 12장 1~13절을 읽고, '예배와 섬김' 을 주제로 당신이 인도하기 위한 소그룹 질문을 준비하시기 바랍니다.

성경 본문을 묵상하면서 그 의미를 찾고, 당신에게 주시는 하나님의 음성을 듣는 것이 첫 단계입니다. 먼저 하나님의 음성을 듣는 것은 당신에게 허락하신 은혜입니다. 당신이 경험한 은혜 가운데 진실한 삶의 나눔이 가능하기 때문입니다. 또한 그 음성 중에 당신이 속한 소그룹에게 주시는 좋은 질문을 찾아야 합니다. 이것은 밭에 감춰진 보화를 찾는 것과 같은 작업입니다. 이미 심겨 있으나, 믿음의 눈으로 그 보화를 찾아야 합니다. '소그룹에 사용하기 위한 질문은 당신이 직접 만드는 것이 가장 좋습니다.'

당신의 교회에서 사용하고 있는 소그룹 교재가 있다면 그것을 사용하기 전에 그날의 성경 본문을 직접 묵상하는 습관을 가지십시오. 하나님께서 직접 당신에게 말씀하시는 음성을 들으십시오. 그 과정을 거쳐 준비된 질문을 다시 한 번 읽어 보면서 당신의 나눔을 준비하십시오. 질문을 읽어 내려가다가 이렇게 질문을 바꾸어 보면 어떨까라는 질문을 하십시오. 소그룹 삶의 나눔에 사용해야 할 질문을 주시는 분은 하나님이시지만, 이 땅에서 당신의 소그룹을 가장 잘 알고 있는 사람은 하나님 다음으로 당신이기 때문입니다. 이것은 기도의 과정입니다. 소그룹에 속한 영혼들을 위해 하나님의 마음으로 기도하는 사람이 보화와 같은 질문을 찾아내는 사람입니다.

이번에는 주어진 말씀을 통해 여러분이 자유롭게 질문을 만드는 훈련입니다. 성경 본문을 읽으며, 그 내용을 정리할 수 있는 질문을 만드십시오. 그 본문에 누가, 어디서, 무엇을 하고 있는지 물으시고, 그 질문이 오늘을 사는 당신과 어떻게 연결될 수 있는지 물으시기 바랍니다. 준비한 질문들이 하나의 주제로 잘 연결되는지, 소그룹에 속한 이들의 마음을 잘 열어 줄 수 있는지 깊게 생각하십시오.

혹시 어디서 어떻게 시작할지 생각이 잘 떠오르지 않는다면 교재 5, 6과 '예배와 섬김' 에 제시된 질문을 다시 읽어 보십시오. 혹시 그 질문 중에 당신이 읽은 본문과 연관되는 내용이 있는지 확인하십시오. 그 질문을 바로 사용하는 대신 당신의 소그룹에 필요한 질문으로 고쳐서 사용할 수 있습니다.

로마서 12장 1~13절

1. 그러므로 형제들아 내가 하나님의 모든 자비하심으로 너희를 권하노니 너희 몸을 하나님이 기뻐하시는 거룩한 산 제물로 드리라 이는 너희가 드릴 영적 예배니라
2. 너희는 이 세대를 본받지 말고 오직 마음을 새롭게 함으로 변화를 받아 하나님의 선하시고 기뻐하시고 온전하신 뜻이 무엇인지 분별하도록 하라
3. 내게 주신 은혜로 말미암아 너희 각 사람에게 말하노니 마땅히 생각할 그 이상의 생각을 품지 말고 오직 하나님께서 각 사람에게 나누어 주신 믿음의 분량대로 지혜롭게 생각하라
4. 우리가 한 몸에 많은 지체를 가졌으나 모든 지체가 같은 기능을 가진 것이 아니니
5. 이와 같이 우리 많은 사람이 그리스도 안에서 한 몸이 되어 서로 지체가 되었느니라
6. 우리에게 주신 은혜대로 받은 은사가 각각 다르니 혹 예언이면 믿음의 분수대로,
7. 혹 섬기는 일이면 섬기는 일로, 혹 가르치는 자면 가르치는 일로,
8. 혹 위로하는 자면 위로하는 일로, 구제하는 자는 성실함으로, 다스리는 자는 부지런함으로, 긍휼을 베푸는 자는 즐거움으로 할 것이니라
9. 사랑에는 거짓이 없나니 악을 미워하고 선에 속하라
10. 형제를 사랑하여 서로 우애하고 존경하기를 서로 먼저 하며
11. 부지런하여 게으르지 말고 열심을 품고 주를 섬기라
12. 소망 중에 즐거워하며 환난 중에 참으며 기도에 항상 힘쓰며
13. 성도들의 쓸 것을 공급하며 손 대접하기를 힘쓰라

먼저 오심

'먼저 오심' 의 질문은 자신의 삶과 성경 본문을 연결하도록 도와주는 질문이며, 소그룹 모임을 시작하며 누구나 쉽게 마음의 문을 열 수 있는 아이스브레이크 형태의 질문도 가능합니다.
다만 부담 없는 질문을 찾으려다 성경적인 삶과 우리 삶의 문제가 분리되지 않도록 주의해야 합니다. 예수님을 알기 전에 우리가 겪은 삶의 경험과 고민들을 이성과 양심, 근면함으로 해결하려고 했던 인본주의적 시도와 우리가 인지하기 전에 이미 베풀어 주신 하나님의 은혜에 기초한 성서적인 삶을 비교할 수 있는 질문이어야 합니다.

만나 주심

'먼저 오심'의 질문이 성경의 이야기와 우리 삶의 접촉점을 찾게 해 주었다면, 이제 '만나 주심'을 통해 우리 삶 속에서 역사하시는 예수님과의 만남을 확인해야 합니다. '만나 주심'의 질문은 예수님을 만난 후 예수님이 어떤 분인지를 우리가 알고, 어떠한 변화가 있었는지 고백하는 과정이 담겨야 합니다.

다듬으심

예수님을 만난 후 삶의 우선순위와 관점, 당신의 꿈이 어떻게 바뀌었는지 혹은 어떻게 바뀌어야 하는지를 깨닫고, 실제로 바꾸어 가는 과정을 나눌 수 있는 질문이어야 합니다.

들어 쓰심

하나님께서 우리를 다듬으신 이유는 우리에게 주신 삶의 목적에 따라 헌신하고 계획하며 동역자들과 함께 나누고 섬기는 삶을 살게 하기 위함임을 고백합니다.

삶의 현장에서

본문을 통해 확인한 하나님의 이야기가 우리의 삶 속에서 어떻게 실천되어야 할지를 묻는 질문으로 소그룹 모임을 마무리해야 합니다. 다양한 삶의 정황 속에서 자유롭게 역사하시는 하나님의 손길을 배우고, 이를 통해 신앙적인 도전은 물론 격려도 받게 됩니다.

'삶의 현장에서' 는 소그룹 회원과 리더가 가정, 직장, 자기 삶의 현장에서 하나님의 말씀, 성경을 통해 배운 교훈을 적용할 수 있는 구체적인 실천 계획을 세울 수 있는 질문입니다. 신앙의 실천을 위한 마음의 결단을 돕는 질문은 쉽지 않습니다. 솔직하고, 겸손한 실천 계획을 나누어야 다른 소그룹 회원들도 자신의 결단을 나눌 수 있습니다.

영성과 기도 I

성경 본문 : 마태복음 7장 7~11절

기도는 구원 받은 이들이 하나님과 영적 관계를 맺으며 그분의 음성을 듣고, 대화를 나누는 시간입니다. 존 웨슬리는 하나님의 은혜를 경험하는 영성생활 중에서 가장 중요한 통로는 지속적인 기도라고 말합니다. 소그룹 리더의 영성생활은 바로 '그리스도 안에 사는 삶'(갈라디아서 2:20)입니다.

먼저 오심

성경은 여러 본문에서 기도생활에 대해 구체적으로 가르쳐 줍니다. 성경과 교회의 전통이 가르치는 기도의 본질에 대해 알아봅시다.

1. 당신의 기도생활을 다른 사람이 평가한 다면 점수를 몇 점이나 줄까요?

2. 당신은 얼마나 기도를 중요하게 여기는 사람입니까?

3. 당신은 주로 어떤 내용의 기도를 하고 있습니까?(7절)

4. 하나님께서는 우리가 간구하기 전에 우리에게 있어야 할 것을 다 알고 계십니다(마태복음 6:8). 그런데 우리가 왜 요청하는 기도를 해야 합니까?(11절)

5. 우리는 무엇을 하나님께 기도해야 할지 잘 모릅니다. 그러한 우리에게 어떤 도움이 있습니까?(로마서 8:26)

6. 기도를 통해 영적인 힘을 얻거나 응답받고 하나님께 감사드린 경험을 나누어 봅시다.

기도, 소그룹 리더의 호흡

하나님과의 대화

우리는 언어 기도와 묵상 기도를 통해 하나님과 교통할 수 있습니다. 여기에서 '교통'이라는 단어는 사람이 하나님께 또는 하나님께서 사람에게 일방적으로 말하는 것이 아니라, 하나님과 사람이 함께 대화하는 것을 의미합니다. 출애굽기 33장 11절에서는 모세가 하나님과 대화하는 장면을 보여 주는데, 이런 대화가 기도입니다. 기도의 목적은 하나님과 영적 관계를 맺고, 그것을 유지하기 위한 것이기에 생명을 위한 호흡처럼 영성생활에서 기도는 필수입니다. 그래서 기도는 우리의 영적 호흡이며, 하나님과의 대화라고 말합니다.

우리의 소원을 아뢰며 하나님의 뜻을 구함

신약성경에서 사용된 기도라는 단어는 '간청하다'라는 뜻의 라틴어 동사와 연결되어 있습니다(마태복음 6:33, 7:7~11). 이 단어의 의미처럼 기도는 하나님께 우리가 원하는 바를 아뢰며 도와주심을 간구하는 것입니다. 그러나 이것은 우리의 뜻을 하나님께 일방적으로 강요하는 것이 아니라 우리를 향한 하나님의 뜻을 알기 위한 것으로, 내 뜻보다는 하나님의 뜻이 이루어지기를 구하는 것입니다. 위의 성경구절에 쓰인 '간청하다'라는 단어는 우리의 소원을 아뢰는 모습과 함께 하나님의 뜻을 구해야 함을 가르쳐 줍니다.

영적 무장

영성생활에서 우리는 악령과 성령의 역사를 동시에 체험합니다. 그래서 성경은 우리의 영을 넘어뜨리려는 악령에 맞서 깨어 기도해야 한다고 가르칩니다. 마태복음 26장 39절에서 예수님께서 "나의 원대로 마옵시고 아버지의 원대로 하옵소서"라고 기도하시는 것을 보면, 우리는 기도생활을 통해 하나님께서 허락하시는 은혜와 영적인 힘을 얻을 수 있을 뿐만 아니라, 악령에 맞서 성령의 역사를 이루어 나갈 수 있는 것을 알게 됩니다. 영적 무장의 다른 의미는, 우리가 생활 속에서 경험하는 고독, 절망, 좌절, 상처, 고통 등을 기도로 이겨낼 수 있음을 뜻합니다. 기도는 우리의 마음과 생각, 그리고 삶을 지켜 주는 힘입니다.(빌립보서 4:6~7)

은혜의 수단

성경이 가르치는 복음과 성결을 강조해 온 신앙운동의 지도자 존 웨슬리는 하나님의 은혜를 경험할 수 있는 다섯 가지 은혜의 수단에 대해 강조해 왔습니다. 그것은 성경공부, 기도, 성만찬, 금식, 그리고 소그룹 신앙공동체입니다. 이 은혜의 수단들은 하나님의 은혜를 경험하며 우리가 바른 영성생활을 해 나갈 수 있는 통로입니다. 웨슬리는 이 중에서도 기도가 가장 중요하며, 우리의 삶 자체가 영적인 기도의 삶이 되어야 한다고 말했습니다.

만나 주심

영성생활의 중심에 기도가 있습니다. 이것은 신앙생활의 가장 중심에 기도가 있다는 말입니다. 왜냐하면 기도는 우리의 필요를 하나님께 구하는 것뿐만 아니라 하나님과 교제하는 시간이기 때문입니다.

1. 어렵고 힘들 때 기도를 통하여 세상이 줄 수 없는 힘과 용기를 얻은 경험이 있습니까? 어떻게 그런 힘과 용기를 얻을 수 있었습니까?

2. 성경이 우리에게 가르치고 있는 기도 내용은 어떤 것들인지 살펴봅시다. 마태복음 22장 37~40절, 에베소서 1장 15~19절, 빌립보서 1장 9~11절, 골로새서 1장 9~12절을 읽어 보십시오.

3. 당신은 하나님을 어떤 분이라고 생각하십니까? 당신의 마음에 떠오르는 대로 단어를 적어 보십시오. 그것을 초대교회 교인들이 인식한 하나님과 비교해 보십시오.(사도행전 4:23~31)

4. 기도할 때에 무슨 말을 어떻게 시작해야 할지 몰라 막막했던 적은 없으셨나요? 당신은 어떻게 기도를 시작하십니까?

5. 기도는 하나님을 만나는 시간입니다. 우리의 기도생활은 어떻게 달라져야겠습니까?

기도하는 사람, 소그룹 리더

소그룹 리더로 세워진 여러분은 언제, 어디서든지 기도할 준비가 되어 있어야 합니다. 기도에는 어떤 종류가 있습니까?

기도의 내용에 따라

첫째는 회개 기도입니다. 자신의 잘못을 진심으로 뉘우치고 예수님께 죄 용서를 비는

기도입니다.(요한계시록 2:5; 3:19)
둘째는 감사 기도입니다. 하나님의 사랑과 은혜, 보살핌에 감격한 마음으로 기도하는 것입니다.(골로새서 3:17; 시편 95:2)
셋째는 간구 기도입니다. 우리의 소원을 하나님께서 들어 주시도록 간청하는 것입니다.(마태복음 7:7; 빌립보서 4:6~7)

기도의 내용을 살펴보았지만 막상 기도하려고 하면 어디서 어떻게 시작해야 할지 막막해하는 신앙인들이 많습니다. 그럴 때는 가장 모범이 되는 기도, 주님께서 직접 가르쳐 주신 주기도문(마태복음 6:9~13)을 사용할 수 있습니다. 또 한 가지 방법은 그동안 교회가 함께 기도해 온 네 가지 내용을 담아 기도하는 방법입니다.

경배/찬양 (Adoration)
하나님에 대한 경배와 찬양으로, 만물을 창조하시고 우주를 주관하시며 우리 삶을 인도하시는 하나님께 영광과 존귀를 드리는 것입니다.
고백/회개 (Confession)
우리가 지은 죄를 진심으로, 그리고 구체적으로 고백하고 회개하는 부분입니다. 회개의 기도는 나의 죄를 인정하며 하나님께 용서를 구하는 것인 동시에 그 죄 된 모습을 버리겠다는 분명한 결단, 삶의 방향 전환을 결심하는 것입니다.
감사/은혜 (Thanksgiving)
하나님께서 우리 삶에 베풀어 주신 은혜에 감사하는 부분입니다. 우리가 영적인 눈으로 우리 삶을 돌아본다면, 때론 고난과 아픔, 역경이 있었더라도 우리 삶은 하나님의 사랑과 은혜로 풍성함을 발견할 수 있습니다. 그러한 하나님께 드리는 구체적인 감사의 기도입니다.
간구/중보 (Supplication)
우리의 소원을 하나님께 간구하는 부분입니다. 하나님의 뜻 가운데서 우리가 추구하고 원하는 것들을 하나님께 아뢰는 것입니다. 회개 및 감사의 고백과 나의 기도 제목, 가족, 이웃, 친구, 공동체의 기도 제목을 하나님께 간구합니다.

모든 기도가 이 네 가지 요소를 항상 포함하거나 언제나 이 흐름에 따라 기도해야 하는 것은 아닙니다. 하지만 균형 잡힌 기도생활을 위해 이러한 중심 내용을 배우고 따르는 것은 큰 도움이 됩니다.

웨슬리가 가르친 기도생활

존 웨슬리는 기도생활에 대해 다섯 가지 지침을 주었습니다.
첫째, 우리는 기도생활을 통해 하나님의 은혜를 체험할 수 있습니다. 기도는 하나님과 대화하는 것이기에 우리가 그분의 은혜를 구한다면 올바른 기도생활은 반드시 필요합니다.
둘째, 하나님은 우리의 기도를 확실히 들어주시며, 우리가 구하는 것보다 더 크고 좋은 것으로 응답하신다는 믿음의 확신이 있어야 합니다.
셋째, 비록 하나님께서 우리 기도에 대해 빨리 응답하시지 않더라도 낙심하거나 포기하지 않는 것이 중요합니다.
넷째, 하나님께 은밀히 기도하는 개인 기도시간이 반드시 필요합니다.
다섯째, 기도할 때 의미 없이 중언부언하는 것을 경계해야 합니다.

하나님께서는 우리가 기도하기 전에 이미 우리의 마음과 기도 제목을 알고 계십니다. 그럼에도 불구하고 우리가 구체적으로 그리고 간절하게 기도해야 하는 이유는, 하나님께 내가 무엇이 필요한지 일깨워 드리고자 함이 아니라 나 자신의 삶에서 무엇이 필요한지 스스로 깨닫고 나를 향한 하나님의 뜻을 구하기 위함입니다.

그러므로 기도는 내 생각과 삶을 정화하고, 우리의 영적 생활을 지탱해 주는 생명줄이며, 하나님과 교통하는 은혜의 수단입니다.

기도는 구체적으로 간구하며 하나님께서 주시는 은혜를 경험하는 것이 필요합니다. 기도에 대한 성경의 다양한 가르침을 통해 기도하는 자세에 대해 배우면서 마치 연습하듯 기도 훈련을 해 나가는 것은 영성 훈련의 중요한 부분입니다. 운동선수에게 연습과 훈련이 필요하듯, 영성생활에서 가장 중요한 기도에도 연습과 훈련이 필요합니다.

다듬으심

기도를 통하여, 하나님께서 다듬으신 사람들의 기록을 통해, 당신도 하나님의 다듬으심과 그 은혜를 경험할 수 있습니다.

1. 하나님의 다듬어 주시는 은혜를 경험한 사람들의 이야기를 성경에서 찾아 그 내용을 요약하고, 그들의 경험과 당신의 경험을 비교해 보십시오.

창세기 32:22~30

에스더 4:15~16

사도행전 4:23~31

사도행전 10:1~8

사도행전 10:9~23

마태복음 26:36~46

2. 당신의 기도생활을 힘들게 하는, 혹은 방해하는 장애물은 무엇입니까?

3. 우리 영혼의 호흡을 가로막는 기도생활의 장애물을 제거하기 위해 어떤 노력이 필요합니까? 성공과 실패의 경험담이 모두 필요합니다. 당신의 경험을 나누어 주십시오.

4. 하나님께서 당신의 기도에 응답해 주시지 않아 낙심했던 경험이 있습니까? 하나님은 그런 시간을 다듬으심의 시간으로 사용하십니다. 당신은 어떻게 영적 침체기를 극복하였습니까?

5. 당신은 소그룹 리더로서 소그룹 회원들이 기도생활을 잘할 수 있도록 어떻게 도울 수 있겠습니까?

소그룹 리더가 넘어서야 할 기도의 장애물

시간의 장애물

기도생활에서 먼저 경험하는 장애물은 기도할 시간이 없다는 것입니다. 잠깐 동안이나, 다른 일을 하면서도 얼마든지 의미 있게 기도할 수 있습니다. 길을 걷다가, 운전 중 신호를 기다리며, 집안 청소나 부엌일을 하면서도 기도할 수 있습니다. 그러나 시간을 정해 놓고 기도에 집중하는 것이 꼭 필요합니다. 이런 면에서 새벽기도는 유익한 기도 훈련입니다. 계획을 세우고, 시간을 내어 기도하는 것이 영성 훈련의 첫걸음입니다.

결과를 결정하려는 조급함의 장애물

기도할 때 빠지는 유혹과 위험 중 하나는 기도의 결과를 스스로 결정하는 것입니다. 예수님도 이런 유혹과 위험을 알고 극복하셨습니다. 소원하는 것이 있거나 삶의 위기에 처하여 기도할 때, 우리가 원하는 대로 기도 응답을 바라는 것은 당연합니다. 그러나 영성생활에서 가장 중요한 것은 우리 자신을 하나님께 내어 드리며 그분의 뜻에 순종하는 것입니다. 하나님의 주권 영역을 침범하여 우리가 먼저 결정해 버리고 그것을 하나님께 요구한다면, 우리의 기도생활은 심각한 위험에 빠지게 될 것입니다.

불신의 장애물

기도의 능력을 믿지 않고, 아무 소용 없는 자기 독백이라고 생각하는 것입니다. 또 하나님께서 모두 계획하고 인도하고 계시니 기도는 필요 없다고 생각하는 것입니다. 빌리 그래함 목사는 하나님의 기도 응답에는 세 가지 종류가 있다고 말했습니다. 첫째는 '들어주겠다'(Yes), 즉 우리의 간구를 받아들여 주시는 것, 둘째는 '안 된다'(No), 즉 하나님께서 우리 기도 제목과 다른 뜻을 가지고 계시기에 우리의 간구를 받아들여 주시지 않는 것, 셋째는 '기다려라'(Wait), 즉 우리가 생각하고 있는 때와 하나님의 때가 다르기 때문에 우리에게 기다림과 인내가 필요하다는 것입니다. '들어주겠다'(Yes)고 하시는 것만이 하나님의 기도 응답은 아닙니다. 순종하는 마음으로 그분의 음성에 귀 기울여야 불신의 장애물을 넘어설 수 있습니다.

죄와 상처에 묶이거나 보지 않으려는 장애물

기도는 하나님 앞에 서 있는 자신의 모습을 발견하는 과정입니다. 거기에서 우리는 죄와 상처라는 장애물도 만납니다. 기도 중에 과거에 지은 죄 또는 현재의 죄를 발견하고 자각하게 될 때가 있습니다. 이때 진정한 회개가 시작됩니다. 이와 달리 과거 또는 현재 타인에게 받은 상처, 혹은 내가 타인에게 주었던 상처가 기도 중에 다시 떠오르는 경우도 있습니다. 그동안 잊고 살았거나 치유되었다고 생각했던 상처들이 다시 괴롭힌다면, 그것은 주님이 주시는 용서의 기회입니다. 그런데 이러한 죄와 상처를 보지 않으려는 마음, 회개와 용서를 거부하는 마음이 우리의 기도를 방해하는 장애물입니다.

타성의 장애물

하나님과 진실한 대화를 추구하지 않는다면 우리는 타성이라는 장애물을 만나게 됩니다. 성경은 중언부언하는 기도와 남에게 보여 주기 위한 기도, 특별히 하나님을 속이려는 기도에 대해 엄중히 경고합니다. 기도의 대상은 오직 하나님 한 분뿐이어야 합니다. 기도에 진정성이 결여되면 타성에 젖게 되고, 타성에 젖은 기도에는 아무 생명력이 없습니다. 따라서 영성생활 중 타성에 빠지지 않도록 우리는 항상 깨어 있어야 합니다.

건강한 영성생활을 위해 당신은 계획적이고 분명한 목표가 있는 기도생활을 시작해야 합니다. 현재 당신의 기도생활을 가로막고 있는 장애물은 어떤 것들인지 돌아보십시오. 혹 그 장애물이 당신의 영적 호흡을 가로막고 있지 않습니까? 그 장애물을 극복하려는 노력이 필요합니다. 영성생활은 곧 기도생활이며, 기도생활은 매일매일 당신이 경험하는 영적 전투의 단면을 보여 줍니다. 기도 없이 하나님과 영적인 관계를 맺을 수 없습니다. 기도 없이 하나님과 동행하는 삶을 살 수 없습니다. 호흡 없이 살 수 없는 것처럼 기도 없이 사는 것은 불가능합니다.

들어 쓰심

하나님은 기도하는 사람들에게 응답하시고 그들을 통해 하나님의 역사를 이루어 가십니다. 하나님에게 쓰임 받은 사람들의 경험을 통하여 기도의 중요성을 다시 한 번 살펴봅니다.

1. 하나님은 기도하는 사람들을 하나님의 일꾼으로 들어 쓰십니다. 다음의 성경구절을 찾아보고 하나님에게 쓰임 받은 사람들의 모습을 살펴봅시다.

출애굽기 17:8~16

출애굽기 32:7~14

열왕기상 18:41~46

욥기 42:7~9

마태복음 9:2~8

로마서 8:26, 34

2. 하나님께 기도의 일꾼으로 쓰임 받은 사람들에게 어떤 복이 임했습니까?

3. 하나님은 기도하는 사람들을 통하여 어려움에 처한 이들에게 역사를 이루십니다. 이것이 중보기도입니다. 교회를 위하여, 그리고 주변에 있는 이웃들을 위하여 당신이 시작해야 할 중보기도의 제목은 무엇입니까?

여러 가지 형태의 기도

간청기도

우리가 가진 소원을 하나님께 아뢰며 간청하는 기도입니다. 가장 기본적인 기도의 방법이며 한국 교회 전통에서 무척 강조되었던 기도입니다. 그러나 우리가 무엇을 간청하는지에 대해 신앙적 성찰이 필요합니다. 우리의 소원보다 하나님의 뜻을 분별하며 구하는 믿음의 자세가 필요합니다. 왜냐하면 간청기도가 자신의 소원을 간구하는 데 그친다면 이것은 자칫 개인의 욕심을 위한 기도, 육신의 정욕을 위해 간구하는 기도가 될 수 있기 때문입니다.

관상기도

최근 많은 이들이 관심을 가지는 관상기도는 자신에 대한 모든 것을 내려놓고, 마음을 온전히 내어드리는 데서 시작됩니다. 마치 수도사가 명상하듯 스스로 마음을 비운 후, 그 가운데서 우리에게 찾아오시는 하나님을 만나 온전한 그분의 뜻을 구하는 기도입니다. 처음에는 많은 잡념에서 자유로울 수 없고 또 우리가 하나님께 말하는 것에 익숙해 있기에 관상기도가 어렵게 느껴지고 단순한 침묵의 시간이 되기도 합니다. 그러나 금식기도가 육적인 음식을 거부하며 하나님과 집중적인 만남을 추구하듯 관상기도는 번잡한 삶의 주제들을 내려놓고 내 자아를 거절하며 하나님과 온전한 만남을 추구하는 기도입니다.

금식기도

중요한 기도 제목이나 위기에 직면해서 금식기도를 하던 이들을 성경을 통해서 자주 발견합니다. 예수님도 사역을 시작하시기 전 광야에서 40일 동안 금식기도를 하셨습니다. 생명을 위해 필요한 음식을 끊는 것은 영적으로 자신을 하나님 앞에 온전히 굴복시킨다는 의미가 있습니다. 모든 것을 내려놓고 순종을 다짐하며 하나님의 뜻을 구하는 기도, 영적으로 깨어 있기 위해 육신의 모든 행위를 중단하여 하나님과 영적으로 교감하기 위한 기도입니다. 웨슬리와 많은 교회 지도자들이 일주일에 한 끼, 하루를 금식하며 기도했습니다. 영성 훈련의 좋은 방법이지만 금식 여부와 기간을 결정할 때 개인의 건강을 고려하여 잘 준비된 금식기도를 해야 합니다. 자신의 자랑이 되기 쉬운 금식은 하나님의 영광을 가리며, 건강을 해치며, 개인의 영성생활에 도움을 주지 못합니다.

기도문기도

기도문기도는 이미 작성한 기도문을 읽어 나가며 우리의 마음을 드리는 기도입니다. 신약성서에만 주기도문을 비롯해 400개 이상의 기도문이 있고, 구약성서의 시편과 찬송가는 대표적인 기도문기도입니다. 성공회 출신의 존 웨슬리는 기도문기도를 자주 사용하였고, 스스로 기도문을 작성하여 다른 이들에게 권했습니다. 기도생활을 처음 시작하는 이들에게 기도문기도는 좋은 훈련 과정입니다. 유의할 점은 기도문을 그저 눈으로만 읽어 내려가는 것이 아니라, 마음속으로 공감하고, 진심으로 간구해야 한다는 점입니다. 주일 대예배와 공중예배 대표기도에 기도문을 준비하여 읽는 것은 잘못된 것이 아닙니다.

방언기도

방언기도는 성령께서 주시는 신비한 은사, 선물로서 초대교회 성령강림의 역사부터 지금까지 내려오고 있습니다. 방언은 하나님의 영이 사람에게 주신 영적 언어입니다. 하나님과 영적으로 교통하면서 마음의 소원을 아뢰고 하나님의 뜻을 구한다는 점에서 방언기도는 다른 기도와 다를 것이 없습니다. 방언기도는 믿음에 확신을 주고, 열심히 기도하게 합니다. 방언으로 기도할 때 자신이 무엇을 기도하는지 이해하면서 기도하는 경우도 있고, 잘 모르는 경우도 있습니다. 스스로 깨닫지 못하는 방언기도는 통역할 사람이 있을 때 해야 합니다. 은사는 필요한 사람에게 주시는 선물이기에 모든 사람이 방언으로 기도해야 하는 것은 아닙니다. 따라서 방언은사를 경험한 이들이 영적 우월의식을 가진다면 그것은 잘못된 일입니다.

안수기도

안수기도는 말 그대로 손을 얹어(주로 머리에) 기도하는 것으로 예수님께서 병자를 위해 기도하신 모습을 따라 초대교회부터 지금까지 지속된 기도 방법입니다. 안수기도는 특별한 기도 제목이 있을 때 성도가 요청하거나 교회 지도자의 인도로 이루어집니다. 개인적으로 받을 수도 있고 공중예배를 통해 이루어질 수도 있습니다. 안수기도는 기도하는 이와 기도 받는 이의 각별한 영적 준비가 필요합니다. 안수기도에서 변형된 안찰기도는 병 낫기를 구하며 환자의 몸을 두드리며 하는 기도인데, 안수기도의 왜곡된 모습으로 성서적이지 않고, 교회 전통에서 찾아보기도 힘듭니다.

중보기도

하나님의 자녀로서 신앙 안에서 형제, 자매 된 우리 이웃을 위해 기도하는 것입니다. 다른 사람을 위해 중보기도할 때, 우리 자신도 하나님의 은혜와 사랑, 그리고 돌보심이 필요한 존재라는 것을 깨닫고, 이웃의 삶을 영적으로 돕게 됩니다. 하나님은 우리의 삶을 주관하시며, 이 과정에서 성도의 믿음을 사용하십니다. 바로 중보기도는 하나님의 일에 참여하는 특권과 능력의 통로가 되며, 개인적으로 혹은 공동체로 함께할 수 있습니다. 또 교회 안에 중보기도팀을 만들어 공동의 기도 제목을 나누며, 지속적으로 함께 기도하는 것도 중요합니다.

통성기도

함께 마음을 합하여 크게 소리 내어 기도하는 방법으로 세계에 한국 교회의 기도로 알려졌습니다. 신앙공동체가 공동의 또는 각자의 기도 제목을 가지고 동시에 통성으로 기도합니다. 여리고 성이 무너지도록 힘차게 외친 기도, 사무엘의 어머니 한나의 한 맺힌 기도, 속사람의 능력이 드러나는 기도, 사탄을 향하여 힘차게 대적 선언하는 기도가 통성기도입니다. 일제 강점기와 한국전쟁을 거치며, 하나님 앞에 울부짖을 수밖에 없었던 한국 교회의 역사적 경험에서 나온 것이기도 합니다. 큰 소리로 기도하는 것이 목적이 아니라 간절한 마음으로, 한마음으로 기도하는 것이 통성기도의 목적입니다. 주의할 점은 다른 사람의 기도 소리가 들리더라도 자신의 기도에 집중해야 한다는 것입니다. 통성기도 시 피아노 반주는 기도에 집중할 수 있도록 돕는 방법입니다.

4. 소개된 기도 방법 중 당신은 어떤 형태의 기도를 가장 많이 하고 있습니까? 불편함을 느끼는 기도 형태는 무엇입니까?

5. 당신이 가장 편안하게 생각하는 기도, 실천하는 기도 방식은 무엇입니까? 하나님은 어떤 기도를 가장 기쁘게 받으시리라 생각하십니까?

어떤 기도 방법이 가장 좋은지 묻는 것은 무의미합니다. 개인의 상황과 형편에 따라 각기 다른 방법으로 기도할 수 있기 때문입니다. 사람마다 성격이 다르듯 사람마다 은혜 받는 기도 방법도 다릅니다. 어떤 이들은 힘 있는 통성기도를 할 때 은혜 받는가 하면, 어떤 이들은 그 시간을 견디기 힘들어합니다. 기도의 형태는 중요하지 않습니다. 기도에 임하는 우리의 마음가짐과 태도가 중요합니다. 기도는 하나님과 영적 관계를 맺는 대화이기에 실제 삶 속에서 구체적으로 실천하는 것이 가장 중요합니다.

삶의 현장에서

1. 기도생활이 몸에 배어 영성생활의 한 부분이 되려면 처음에는 기도 훈련이 필요합니다. 바른 훈련은 기도 시간을 정해 놓고 공동의 기도 제목을 중심으로 구체적으로 기도하는 것입니다. 이러한 훈련은 개인이나 소그룹, 혹은 교회 공동체가 함께 계획적으로 실시할 수 있습니다.

2. 당신의 기도생활을 돌아보고 더 깊은 영성생활을 위해 노력해야 할 부분이 있는지 점검해 보십시오. 당신은 얼마나 자주, 언제, 어디서, 얼마 동안, 어떻게 기도하십니까? 기도를 위한 구체적인 계획을 세우십시오.

3. 기도를 통해 은혜받은 경험과 기도 응답을 받은 경험들을 나누어 봅니다.

영성과 기도 II

성경 본문 : 누가복음 15장 11~32절

소그룹 리더로서 죄와 구원에 대해서 분명하게 알고 있는 것이 중요합니다. 당신은 구원에 대한 확신이 부족하거나 죄와 구원에 대한 질문이 있는 소그룹 회원을 도울 수 있어야 하며, 죄와 구원에 대한 바른 이해와 영성생활을 설명할 수 있어야 합니다.

먼저 오심

누가복음 15장은 예수님께서 말씀하신 세 비유입니다. 잃었다가 찾은 양 비유, 잃었다가 찾은 동전 비유, 그리고 잃었다가 찾은 아들 비유입니다. 모두 구원에 대한 가르침을 주고 있는데, 특별히 잃었다가 찾은 아들에 관한 비유(탕자의 비유)는 우리에게도 친숙합니다. 자신을 사랑하는 아버지의 뜻을 거스르고 자기 뜻만을 추구하며 아버지에게서 멀리 떠나 살고자 하는 아들의 모습은, 우리에게 죄란 무엇인지를 잘 보여 줍니다.

1. 둘째 아들이 아버지에게 가장 관심 가졌던 것은 무엇이었고, 아버지가 아들에게 가졌던 가장 큰 관심은 무엇이었습니까?

2. 둘째 아들이 아버지를 떠나겠다며 재산을 요구했을 때, 아버지는 말없이 재산을 나누어 주십니다. 이때 아버지의 마음은 어떠했을까요?

3. 둘째 아들과 아버지의 모습에 비추어, 당신과 부모님, 그리고 당신과 자녀들 사이의 관계에 대해 생각해 봅시다. 어떠한 공통점과 차이점이 있습니까?

4. 둘째 아들의 삶은 바람직하지 않은 것처럼 보입니다. 어떤 점을 지적할 수 있을까요? 둘째 아들의 모습을 통해, 성서는 죄가 무엇이라고 가르치고 있습니까?

5. 당신이 하나님을 떠나 죄인되었다는 것을 언제 알았습니까?

6. 하나님께서 당신을 먼저 찾아오셨다는 것을 어떻게 알았습니까?

7. 당신은 구원의 확신이 있습니까? 구원을 어떻게 확신할 수 있었습니까?

8. 만약 소그룹 회원 중 한 분에게 구원에 대한 성경적인 가르침을 설명해 주어야 한다면 어떻게 설명하시겠습니까?

9. 우리가 하나님을 찾기 전에 하나님께서 먼저 우리를 찾아와 주셨다는 것은 구원과 어떤 관계가 있다고 생각하십니까?

죄는 사회적인 범법행위와 비윤리적인 행위를 의미하기도 하지만, 성서적으로는 그보다 더 깊은 영적인 의미를 가집니다. 성경이 가르치는 죄는 하나님과 깨어진 관계, 즉 하나님을 떠나 사는 삶입니다. 아버지를 떠나서 아버지와 깨어진 관계로 살아가는 둘째 아들의 삶을 통해 죄를 이해합니다. 그러므로 어떤 사람이 법적 혹은 윤리적으로 아무런 비난 받을 만한 일을 하지 않았다 할지라도, 그 사람이 하나님과 영적인 관계를 맺고 있지 않다면, 성경은 그를 가리켜 죄인이라 일컬을 것입니다. 하나님과 영적인 관계 속에서 그분의 뜻에 따라 살고자 노력하는 모습, 바로 이것이 신앙인의 모습입니다.

법적인 죄는 마음으로 짓는 것이 아니라 실제로 그 행위를 저지른 것에 대한 문제입니다. 그러나 성경이 가르치는 죄는 행위 이전에 관계를 더 중요하게 여깁니다. 하나님과 깨어진 관계, 즉 하나님을 떠나 등 돌리고 사는 삶이 죄입니다. 관계의 단절, 무관심은 사랑이 없는 것이고, 그것이 바로 죄라는 사실을 믿으십니까?

만나 주심

둘째 아들은 자신이 가진 재산을 모두 허비한 후 고통 속에서 자신의 모습을 봅니다. 그리고 아버지 집에서 편하게 살고 있는 사람들과 아버지를 떠나 고통 속에 있는 자신의 모습을 비교하면서 드디어 자신의 죄를 깨닫게 됩니다. 하나님은 고난 속에서 사랑하는 자들을 만나 주십니다.

1. 아버지를 떠난 둘째 아들은 시련 속에서 자기 자신을 발견합니다. 그가 깨달은 고난의 근본 원인은 무엇입니까?

2. 둘째 아들은 실패와 아픔 속에서 자신의 모습을 발견하고, 아버지께 돌아가야겠다고 결심합니다. 왜 사람들은 어려움 속에서 후회하고, 회개하며 하나님을 찾게 될까요?

3. 둘째 아들은 자신의 근본적인 문제를 어떻게 해결했습니까? 그에게 이러한 회개는 결코 쉽지 않았을 것입니다. 회개를 가로막는 것에는 어떤 것들이 있습니까?

죄는 하나님께서 우리와 먼저 맺으신 관계를 파괴하고 깨뜨립니다. 그리고 깨진 관계는 언제나 우리 삶에 고통과 상처, 아픔을 가져다줍니다. 우리는 하나님과, 이웃과, 자연과, 그리고 자신과 관계를 맺으며 살아갑니다. 이 모든 관계 중에서도 가장 중요한 관계는 자신과 하나님 사이의 관계입니다. 하나님과 관계를 회복하기 위해서는 회개와 결단이 필요합니다. 오직 회개와 결단을 통해서만 우리는 하나님을 다시 만날 수 있습니다. 둘째 아들은 바로 이 회개와 결단을 통해 아버지와 깨어진 관계를 회복하고 새 출발을 하였습니다.

다듬으심

비록 우리가 죄인이지만, 하나님은 우리를 용서하시고 받아 주셔서 변함없이 사랑해 주십니다. 아버지가 아들을 품듯이 우리를 용납하시고 감싸 주시는 하나님의 사랑, 이것이 우리를 향한 하나님의 은혜입니다. 이러한 은혜를 통해 하나님과 아름다운 영적 관계를 회복하는 것, 이것이 바로 구원입니다.

1. 둘째 아들이 거지가 되어 돌아왔지만 아버지는 그를 기쁨으로 극진하게 맞아 주셨습니다. 아버지의 관심은 어디에 있었습니까? 아버지의 마음은 어떤 마음입니까?(24절)

2. 아버지는 돌아온 아들의 무엇을, 어떻게 회복시켜 주었습니까? 그 결과 아들의 삶은 어떻게 달라졌습니까?(22~23절)

3. 둘째 아들을 맞아들인 아버지와 달리 큰 아들은 동생을 받아들이지 않았습니다. 왜 그랬을까요?(28, 30절)

4. 아버지는 둘째 아들을 용서해 주셨고 사랑으로 받아 주셨습니다. 둘째 아들은 아버지의 용서와 사랑으로 새로운 삶을 시작할 수 있었습니다. 둘째 아들이 이렇게 사랑 받고 융숭한 대접을 받은 이유는 무엇일까요?

5. 아무 자격이 없는데도 당신의 삶 가운데 하나님께 과분한 사랑을 받았다고 생각하는 부분이 있습니까?

6. 돌아온 탕자처럼 교회 혹은 소그룹 식구들에게 많은 경제적 손실을 입혔던 사람이 교회나 소그룹으로 돌아온다면 당신은 어떻게 반응하겠습니까?

구원은 하나님께서 베풀어 주시는 은혜입니다. 비록 탕자가 아버지를 떠났지만, 아버지는 여전히 탕자를 사랑하고 계셨고, 그가 돌아오기를 기다리고 계셨습니다. 그리고 탕자가 돌아왔을 때, 그 모습 그대로 받아 주셨습니다. 마찬가지로 우리를 향한 하나님의 사랑과 은혜는 언제나 열려 있습니다. 바로 그 하나님의 사랑과 은혜에 의지해서 하나님의 뜻대로 살아가는 것이 신앙인의 모습입니다.

들어 쓰심

아버지와 깨어진 관계를 회복한 아들, 즉 은혜로 구원 받은 탕자에게 이제는 새로운 과제가 생겼습니다. 더 이상 집을 나가기 전의 생각과 태도로 살아갈 수 없습니다. 왜냐하면 아버지의 은혜와 사랑을 마음 깊이 깨달았기 때문입니다.

1. 아버지께 돌아온 둘째 아들에게 주어진 과제, 그가 추구해야 할 삶의 모습은 무엇입니까?

2. 당신은 구원 받고 난 후에 어떻게 달라진 삶을 살고 있습니까? 변화된 삶을 통해 하나님께서 당신을 어떻게 쓰실 수 있겠습니까?

3. 소그룹 회원들이 과연 구원 받았는지 알 수 있는 방법은 무엇입니까? 구원 받은 사람들의 증거는 무엇입니까?

4. 구원 받고 난 후에 삶이 확연하게 달라진 사람을 알고 있다면 나누어 보십시오. 어떻게 하면 소그룹 회원들이 구원의 확신을 가지고 변화된 삶을 살아갈 수 있을까요?

5. 탕자와 같은 아들을 품어 안은 믿음의 선배, 조상들이 있었습니다. 이들에 대한 이야기를 나누어 봅시다. 헨리 나우웬, 테레사 수녀, 손양원 목사 등에 대해 알고 있습니까? 어떤 사람들입니까? 어떤 긍정적인 영향력을 끼쳤습니까?

돌아온 탕자 II

누군가 만들어 낸 이야기겠지만 돌아온 탕자가 다시 집을 나갔다고 합니다. 이번에는 아버지께 재산을 받아 혼자 삶을 즐기려고 나간 것이 아니라, 오히려 죄 된 자신을 용서해 주시고 다시 아들로 회복시켜 주신 아버지가 매우 고마워서 아버지께 갚을 만큼 많은 재산을 벌기 위해 먼 나라로 갔답니다.
몇 년 동안 열심히 일해 많은 돈을 번 그는 이제 아버지께 그동안 모은 돈을 드리기 위해 집으로 향했습니다. 그런데 아버지 집에 가까워 오자 그는 집에서 장례식이 진행되고 있음을 깨달았습니다. 자신이 돈 벌러 먼 곳에 나갔을 때부터 이제나저제나 아들이 돌아오기를 기다리던 아버지는 결국 아들을 보지 못하고 아들이 돌아오기 하루 전 날 돌아가시고 말았던 것입니다. 많은 돈을 벌어 아버지를 기쁘게 해 드리려던 아들은 그제야 비로소 아버지가 자신에게 진정으로 바라던 것이 무엇인지를 깨달았습니다. 그것은 '함께 사는 것' 이었습니다.

이 이야기는 하나님과 관계 맺는 게 어떤 것인지, 구원이 무엇인지를 잘 보여 줍니다. 하나님께서 원하시는 것은 믿음의 자녀인 우리와 아름다운 영적 관계를 맺고, 우리가 그분 뜻에 따라 살아가는 삶입니다. 그것이 바로 구원 받은 이들의 바람직한 삶의 모습일 것입니다. 끊임없이 주님 닮는 삶을 살며 더 나은 신앙인이 되고자 노력하는 것이 바로 우리가 추구해야 하는 삶입니다.

죄와 구원을 '관계성' 으로 이해할 때, 지금 내 삶의 모습을 돌아보며 구원 받은 하나님의 자녀로서 어떻게 살아야 하는지 묻게 됩니다. 우리의 삶 자체가 하나의 과정이듯이 구원 받은 이의 삶은 신앙의 여정입니다. 이 신앙의 여정은 예수님을 닮아가는 과정이며, 그것이 바로 우리가 추구해야 할 영성생활의 본질입니다.

삶의 현장에서

영적으로 깨어나 하나님과 동행하는 삶을 위해 당신이 시작할 수 있는 일은 무엇입니까?

1. 매일 성경 읽기(구약 3장, 신약 1장)
2. 성경 통독 계획(1년 통독 – 신·구약, 40일 통독 – 신약)
3. 시편 및 잠언 읽기와 묵상
4. 말씀 묵상 노트(Quiet Time Journal)
5. 말씀 묵상 나눔, QT 나눔방 참여
6. 신앙서적 읽기
7. 영성 훈련 참가
8. 가정예배, 가족기도회
9. 새벽기도, 아침기도
10. 하루 일과 시작 전 기도, 식사기도, 잠들기 전 기도
11. 교회 내 중보기도팀 참여(정기적인 중보기도)
12. 주일설교 묵상 또는 은혜 나눔 모임
13. 소그룹 모임(속회, 일대일 양육, 선교회 등) 참여, 소그룹 리더 훈련 모임
14. 성경공부, 제자 훈련
15. 가장 중요한 것은 주일예배에 빠지지 않고 참석하는 것

영성생활은 혼자서 개인적으로도 할 수 있습니다.
그러나 신앙공동체가 함께 노력할 때 더 힘을 발휘할 수 있습니다.
당신의 소그룹이 이 영성생활의 출발점이 될 수 있습니다.

1. '삶의 현장에서' 가 제시한 내용 중 당신이 현재 실천하고 있지 못한 번호에 먼저 표시하십시오.

2. 왜 실천하기 힘든지 그 이유를 적으십시오.

3. 이런 일이 가능하기 위해서 당신에게 어떤 수고와 노력이 필요합니까?

4. 오늘 시작할 수 있는 일은 무엇입니까?

5. 일주일 이내에 시작할 수 있는 일은 무엇입니까?

6. 한 달 이내에 할 수 있는 일은 무엇입니까?

7. 석 달 혹은 여섯 달 이내에 할 수 있는 일은 무엇입니까?

8. 누가 당신과 함께 영성생활의 계획을 세우고 실천할 수 있습니까?

교회와 전도 I

성경 본문 : 사도행전 2장 37~47절

소그룹 리더들은 성경에서 가르치는 교회를 이해하고, 하나님께서 허락하신 교회를 통해 신앙 성숙을 추구합니다. 또한 교회의 일원으로 교회공동체의 부흥을 위한 구체적인 실천을 통해 소그룹 사역의 활력과 교회의 건강한 성장을 추구합니다.

먼저 오심

교회는 사람들의 필요에 의해 세워진 공동체가 아닙니다. 교회는 하나님께서 성도와 세상을 위하여 분명한 뜻과 계획으로 세우신 기관입니다. 소그룹 리더들과 교회를 향한 하나님의 뜻이 무엇인지 알아보겠습니다.

1. '교회' 하면 먼저 떠오르는 단어는 무엇입니까?

2. '교회'에 꼭 있어야 할 것은 무엇입니까?

3. 당신은 하나님께서 언제 교회와 함께하신다는 것을 느낄 수 있습니까?

4. 교회는 건물이 아니라 성도의 모임입니다. 그렇다면 하나님께서 교회를 세우신 것은 언제입니까?

5. 교회는 하나님께서 세우십니다. 교회의 주권은 하나님께 있습니다. 하나님께서 당신이 속한 교회, 소그룹을 보호해 주신 경험을 나누어 봅시다.

6. 하나님께서 어떤 방법으로 교회를 세우셨습니까?(37~39절)

"그들이 이 말을 듣고 마음에 찔려 베드로와 다른 사도들에게 물어 이르되 형제들아 우리가 어찌할꼬 하거늘"(사도행전 2:37)의 기록을 통해 교회는 마음의 찔림에서 시작되어 회개의 역사로, 세례와 죄 사함을 가능하게 하시는 성령의 시대를 거쳐 세워졌습니다(사도행전 2:38). 죽음을 이기시고 부활하신 예수 그리스도께서 성령 보내심을 약속하셨습니다. 그 약속대로 성령은 오순절 사건을 통하여 강림하셨고, 성령의 역사가 초대교회 성장의 원동력이 되었습니다.

교회는 하나님께 속한 공동체입니다. 하나님께서 교회의 주인이 되신다면 교회는 하나님의 뜻을 따라야 할 의무가 있습니다. 교회의 주인 되신 하나님께서 교회에 원하시는 것은 믿음의 공동체로서 함께 하나님을 찬양하고 복음을 증거 하는 공동체로 건강하게 성장하는 것입니다.

만나 주심

하나님은 교회를 통하여 우리와 인격적으로 만나기를 원하십니다. 소그룹의 목적도 여러 가지가 있지만 그 중에 가장 중요한 것은 소그룹 모임을 통해 하나님을 인격적으로 만나는 것입니다. 우리가 인도하는 소그룹 모임이 어떻게 하면 하나님을 인격적으로 만나는 자리가 될 수 있을지 생각해 봅시다.

1. 교회에 들어설 때 당신은 무슨 생각을 합니까?

2. 하나님께서는 어떻게 믿지 않는 사람들을 신앙공동체를 통하여 만나 주셨습니까? (39, 41절)

3. 성경에 등장한 신앙공동체(가정, 교회, 공동체)를 통해 우리는 어떤 하나님을 만났습니까?

아담과 하와

노아

아브라함

모세와 출애굽 공동체

초대교회

4. 하나님을 만난 사람들은 어떤 반응을 보였습니까?(37~42절)

초대교회 성도는 말씀의 권위 앞에 두려워했다고 성경은 기록합니다.
여기에서 두려워했다는 말은 존경과 경외심이 가득한 모습을 뜻합니다. (사도행전 2:43)

5. 사람들은 언제 하나님의 말씀에 두려움을 갖게 됩니까?(43절)

6. 말씀의 권위 가운데 하나님의 존재를 강하게 경험한 적이 있다면 나누어 봅시다.

7. 어떻게 하면 소그룹 모임을 통해서 하나님을 인격적으로 만나고, 그 말씀 앞에서 자신을 정직하게 되돌아볼 수 있습니까?

하나님을 경험한 사람들은 하나님을 존경과 경외로 바라보는 사람들입니다. 하나님 말씀의 권위 앞에 무릎을 꿇으며, 열정으로 귀 기울이는 사람들에게 하나님은 말씀하시며 만나 주십니다. 하나님은 성경공부, 설교, 교제와 기도 모임을 통해 성령의 임재하심을 경험하게 하십니다.

다듬으심

하나님은 당신을 변화시키기 위해 만나 주십니다. 하나님께서 우리를 변화시키시는 이유는 변화된 사람들을 통하여 하나님의 교회를 더욱 견고하게 세워 나가기 위함입니다.

1. 하나님을 인격적으로 만난 사람들의 삶은 어떻게 변화하였습니까? 사도행전 2장 44~45절 말씀을 읽고 답하십시오.

믿는 사람이 다 (　　　　　) 모든 물건을 서로 (　　　　　)

또 재산과 소유를 (　　　　　) 각 사람의 필요를 따라 (　　　　　)

2. 변화된 사람들의 삶은 초대교회에 어떤 영향을 미쳤습니까?(44~46절)

3. 이 시대의 교회와 소그룹이 초대교회 성도와 같은 삶을 경험할 수 있는 방법은 무엇일까요?

4. 어떻게 하면 초대교회의 변화가 당신의 소그룹(교회)에 일어날 수 있겠습니까?

초대교회 성도들에게도 물질은 소중한 것이었습니다. 하지만 그들은 물질보다 더 소중한 것을 발견하였기에 물질을 포기할 수 있었습니다. 그것은 예수 그리스도에 대한 소망이었고, 천국에 대한 열정이었습니다. 초대교회 성도들은 최초의 교회공동체로서 박해와 순교의 위협에 노출되었습니다. 그러나 그들은 종말론적 가치관으로 하루하루를 살았습니다. 주님 오실 날을 기다리며 살았기에 이 땅에서의 물질보다 더 귀한 영광의 날을 기약하며 살 수 있었습니다.

들어 쓰심

오늘도 하나님은 교회와 믿음의 사람들을 하나님 나라를 위해 사용하기를 원하십니다. 소그룹 리더들이 쓰임 받기 위해서는 하나님과 한마음을 품어야 하고, 신앙공동체의 사람들과 한마음이 되어야 합니다.

1. 사도행전 2장 46~47절 말씀을 읽고 초대교회 신앙공동체의 모습을 설명하십시오.

날마다 ( ) 성전에 ( ) 집에서

떡을 떼며 ( )으로 음식을 ( )

하나님을 ( ) 또 온 백성에게 ( )을 받으니

주께서 구원받는 사람을 ( ) 하시니라.

2. '마음을 같이한다'의 뜻은 무엇입니까?

3. 교회에서 다른 생각을 가진 사람들과 어떻게 마음을 같이할 수 있을까요?

4. 세상에서 당신이 미워하는 사람과 한마음이 되기 위해서는 무엇을 내려놓아야 합니까?

5. 당신의 소그룹 회원들이 현재 교회를 섬기기 위해 희생하는 것은 무엇입니까? 봉사를 위해 참여하기 힘든 이들에게는 어떤 어려움이 있습니까?

교회는 성도의 삶을 통해 '날마다'의 은혜를 경험해야 합니다. 날마다 마음을 같이하는 은혜, 날마다 부흥하는 은혜가 있어야 합니다. 오늘 여러분의 삶 가운데 새롭게 결단하는 마음이 있습니까? 날마다 새롭게 체험하는 하나님의 은혜가 있다면 그 은혜를 나누어야 합니다. 하나님은 여러분 마음속에 주신 은혜로 하나님의 교회를 세워 가시기 원하십니다.

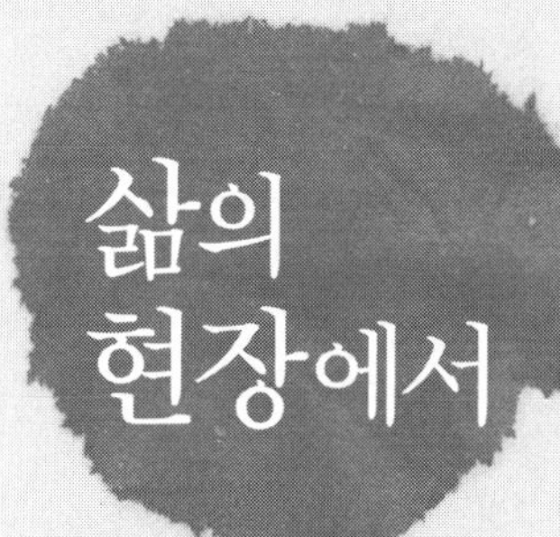

삶의 현장에서

소그룹 리더는 교회가 부흥하고 새로운 믿음의 공동체를 세워 가는 기초를 다지게 됩니다.

나무를 보면 성장의 신비를 발견할 수 있습니다. 제일 높은 곳에서 자란 윗가지는 해가 지나면서 밑으로 내려앉습니다. 그리고 그 윗자리에는 새로운 가지가 자리를 잡습니다. 어리다고, 새로 났다고 언제나 밑에서 떠받치라는 법이 없습니다. 오래된 가지는 아래로, 더 아래로 내려앉습니다. 그리고 한 단계 낮아질 때마다 나무는 그만큼 커 가고 성장합니다. 교회도 마찬가지입니다. 새로 믿은 교우들, 새로 등록한 교우들이 윗가지가 되도록 오래된 교우들, 먼저 믿은 교우들이 밑가지 역할을 해야 합니다. 그렇지 못한 교회는 새로 온 사람들이 많은 무게를 견디지 못하여 부러질 수밖에 없습니다. 당신이 속한 소그룹은 어떤 나무의 모습을 하고 있습니까? 우리 교회는 어떤 나무의 모습을 가지고 있습니까?

1. 당신이 알고 있는 우리 교회의 탄생 과정은 어떻습니까?

2. 당신은 교회에서 '밑가지' 역할을 하고 계십니까? 아니면 아직도 '윗가지'에 머물러 있습니까?

3. '밑가지가 된다'는 것은 무슨 뜻인가요?

4. 밑가지의 역할은 무엇인가요?

교회와 전도 II

성경 본문 : 에베소서 2장 11~22절

성경이 말하는 교회의 본질에 대해 공부하고, 교회의 모습을 살펴봅니다. 하나님의 부르심을 받은 사람들의 모임인 교회가 하나님의 일을 감당하는 믿음의 공동체로서 받은 사명, 곧 이 세상에서 하나님의 은혜와 복음을 선포하고 하나님의 나라를 세우기 위한 예수 그리스도의 제자를 양육하는 사명에 대하여 배웁니다.

먼저 오심

소그룹은 교회 안의 작은 교회라고 할 수 있습니다. 소그룹을 통한 전도가 어떻게 이루어지는지를 살펴보면서, 교회를 섬기는 소그룹의 리더로서 어떻게 소그룹 회원들과 함께 전도의 열매를 맺어갈 수 있는지 살펴봅니다.

1. 당신이 예수 그리스도를 구주로 모시도록 하나님은 당신의 삶 속에서 어떤 일들을 하셨습니까?

2. 하나님은 에베소 사람들을 구원하시기 위하여 어떻게 그들을 먼저 찾아가 주셨습니까?(11~13절)

교회를 향한 하나님의 뜻에는 변함이 없습니다. 하나 되는 교회, 세상을 향해 열린 교회, 예수 그리스도의 증인 된 교회는 세상을 구원할 하나님의 뜻을 이루어 드립니다.

3. 그리스도 밖에 있던 사람들이 그리스도와 하나가 되는 방법은 무엇입니까?(13절)

4. 중간에 막힌 담을 허무는 일은 누구의 일입니까?(14절) 그것은 무슨 뜻입니까? 막힌 담을 허물기 위해 당신이 한 일이 있습니까?

5. 에베소서는 우리를 성령 안에서 '하나님이 거하실 처소'라고 설명합니다. 성령 안에서 하나님이 거하실 처소가 되기 위해 우리는 무엇을 해야 합니까?(20~22절)

6. 교회 안에서도 하나가 되기 힘든 이유는 무엇입니까? 당신이 속한 소그룹은 하나가 되었습니까? 그것이 쉽지 않은 이유는 무엇입니까?

교회는 하나님 안에서 하나(일체성) 되어 세상의 모든 것을 사랑으로 받아들이며(보편성), 예수 그리스도의 삶과 고난, 부활에 대한 증인으로서의 역할(사도성)을 감당하는 거룩한 공동체(거룩성)입니다. 당신이 섬기는 소그룹도 하나님 안에서 하나가 되어, 모든 사람을 사랑으로 받아들이며, 그리스도의 증인으로서 거룩한 공동체를 이루어 가야 합니다. 이 사역을 위해 하나님께서 당신을 부르셨습니다.

만나 주심

아무 관계가 없던 사람들을 불러 믿음의 공동체로 인도하신 하나님은 소그룹 리더인 당신을 통하여 아직 예수님을 모르는 사람들과 하나 되는 꿈을 가지고 계십니다.

1. 사람들은 누구나 다른 사람을 통해 복음을 듣고 예수 그리스도를 만나는 자리에 초대받았습니다. 그 이후에 하나님은 당신을 어떻게 지속적으로 만나고 계십니까?

2. 소그룹 리더로서 하나님을 지속적으로 만나는 것은 얼마나 중요한 일입니까? 하나님을 지속적으로, 자주 만나기 위하여 어떤 노력을 하고 있습니까?

3. 전도의 열매를 맺기 위해 소그룹 리더로서 당신에게 어떤 노력이 필요합니까?

4. 당신이 처음 교회에 방문한 후 교회의 등록교인이 되기까지 얼마의 시간이 걸렸습니까?

5. 소그룹에 처음 방문하는 교우들의 마음은 어떨까요? 교회와 소그룹에 처음 참여하는 이들을 환영하기 위해 어떤 노력이 필요합니까?

교회는 모두에게 열려 있는 보편성이 있는 신앙공동체입니다. 사도신경에서 고백하는 거룩한 공회(Catholic)라는 단어가 어느 누구에게나 교회는 교회여야 한다는 보편성의 원리를 잘 말해 줍니다. 이 단어가 천주교회의 가톨릭과 같이 쓰이기 때문에 다른 교회들은 공회라는 단어 대신 같은 의미의 유니버설(Universal-우주적)이라는 표현을 사용하기도 합니다. 교회는 특정한 계층, 인종, 문화적 배경을 가진 사람에게만 속한 것이 아니라, 아무 차별이나 장벽 없이 모두에게 열려 있다는 뜻입니다.

다듬으심

사도적 교회는 예수 그리스도의 삶과 고난, 죽음, 그리고 부활의 증인으로 살아가는 제자의 삶을 가르치고 배우는 교회입니다. 하나님께서는 소그룹 리더인 당신을 다듬어 예수 그리스도의 복음을 전하는 일꾼으로 사도적 교회를 세우는 데 사용하길 원하십니다.

1. 바울은 교회를 건물에 비유하면서 새로운 신앙공동체의 일원이 된 사람들에게 누구와 누구의 터 위에 세우심을 입었다고 말하고 있습니까?(20절)

2. 사도들과 선지자들의 터 위에 교회가 세워졌지만 그리스도가 건물의 중심에 자리해야 하는 이유는 무엇입니까?(21절)

3. "너희도 성령 안에서 하나님이 거하실 처소가 되기 위하여 그리스도 예수 안에서 함께 지어져 가느니라"(22절)는 구절에서 '함께 지어져 간다'는 것은 무엇을 뜻합니까?

4. 하나님께서는 당신을 교회의 터로 사용하기를 원하십니다. 그렇게 쓰임 받기 위해 하나님은 당신의 어떤 부분을 다듬고 계십니까? 당신이 하나님에 의하여 다듬어지기를 원하는 부분은 어떤 것입니까?

5. 교회가 세워지고, 소그룹이 세워지는 이유는 예수 그리스도의 복음을 전하기 위함입니다. 하나님께서 당신의 소그룹을 통해 전도하기 원하는 분들은 누구입니까?

전도 대상자 명단 만들기
(당신의 주변에서 아직 예수를 그리스도로 고백하지 않은 사람만 적을 수 있습니다.)

내가 사랑하는 사람

내가 싫어하는 사람

나를 싫어하는 사람

도저히 용서가 안 되는 사람

이 중에서 당신이 가장 사랑하기 힘든 사람은 누구입니까?

6. 당신과 소그룹 회원들이 어떻게 하면 주변에 있는 믿지 않는 사람들에게 효과적으로 복음을 전할 수 있을까요?

교회는 예수 그리스도에 대한 고백과 증언의 기초 위에 사도적 전통을 계승해 오고 있습니다. 사도적 교회는 십자가를 자랑하는 교회입니다. 사도적 교회는 예수 그리스도의 부활을 증거하는 교회입니다. 사도적 교회는 나는 죽고 그리스도는 사는 증거를 보여 주는 교회입니다. 사도들의 신앙과 믿음을 따라 세상에 복음을 전하고, 헌신과 열정으로 그리스도의 제자가 될 때 우리는 사도적 교회를 이루어 갈 수 있습니다.

들어 쓰심

예수님은 열두 명의 제자들을 소그룹으로 초대하셔서 함께 기도하고, 배우고, 사역하면서 복음을 전하게 하셨습니다. 당신이 섬기는 소그룹이 하나님께 어떻게 쓰임을 받을 수 있는지 알아봅니다.

'전도인의 자세'에 대해 설명하고 있는 디모데후서 4장 1~5절 말씀을 읽으십시오.

1. 하나님 앞과 살아 있는 자와 죽은 자를 심판하실 그리스도 예수 앞에서 그가 나타나실 것과 그의 나라를 두고 엄히 명하노니
2. 너는 말씀을 전파하라 때를 얻든지 못 얻든지 항상 힘쓰라 범사에 오래 참음과 가르

침으로 경책하며 경계하며 권하라
3. 때가 이르리니 사람이 바른 교훈을 받지 아니하며 귀가 가려워서 자기의 사욕을 따를 스승을 많이 두고
4. 또 그 귀를 진리에서 돌이켜 허탄한 이야기를 따르리라
5. 그러나 너는 모든 일에 신중하여 고난을 받으며 전도자의 일을 하며 네 직무를 다하라

1. 사도 바울은 어떤 마음의 자세로 전도하라고 권면하고 있습니까?(2, 5절)

2. 바울이 경고하고 있는, 전도자가 사라진 시대의 모습은 어떠합니까?(3, 4절)

3. 소그룹 리더인 당신이 지금 해야 할 '전도인의 일'은 무엇입니까?

4. 전도에 대한 부담감이나 거부감을 가지고 있는 이들이 많습니다. 여러분에게 있는 부정적인 느낌과 그 원인이 무엇인지 나누어 보십시오.

5. 예수님은 "내 증인이 되리라"(사도행전 1:8)고 말씀하십니다. '증인이 되라'는 말씀의 뜻은 당신이 목격한 일과 상황을 진실하게 전하라는 것입니다. 소그룹 리더인 당신 삶의 현장에서 일어나고 있는 하나님의 일은 무엇입니까? 부활하신 주님을 만난 증거는 어디 있습니까?

전도는 예수님의 제자들이 직접 체험한 살아 계신 하나님을 전하는 일입니다. 전도하기에 앞서 우리는 예수 그리스도 안에 살아 계신 성령님을 체험하고, 하나님과 깊이 있는 교제를 누려야 합니다. 하나님을 만난 사람의 체험을 간증하고 전할 때 전도의 문이 비로소 열리는 것을 경험할 수 있습니다.

로마서 10장 13~15절 말씀을 읽으십시오.

13. 누구든지 주의 이름을 부르는 자는 구원을 받으리라
14. 그런즉 그들이 믿지 아니하는 이를 어찌 부르리요 듣지도 못한 이를 어찌 믿으리요 전파하는 자가 없이 어찌 들으리요
15. 보내심을 받지 아니하였으면 어찌 전파하리요 기록된 바 아름답도다 좋은 소식을 전하는 자들의 발이여 함과 같으니라

6. 어떤 사람이 구원을 받습니까?(13절)

7. 무엇이 아름답다고 했습니까?(15절) 이유는 무엇입니까?

8. 전도자는 믿지 않는 영혼에 대한 긍휼함으로 가슴이 뜨거운 사람입니다. 로마서 10장 13~15절 말씀을 다시 읽고 주위의 믿지 않는 영혼을 기억하십시오. 성령님의 인도하심에 따라 세 명의 이름을 적고 기도하십시오. 한 번에 한 사람씩 만나십시오. 그리고 당신이 관심을 가지고 있음을, 예수 그리스도에 대해 이야기하고 싶어 한다는 사실을 알 수 있도록 말하십시오.

당신이 영혼 구원을 위해 기도할 사람

(1)

(2)

(3)

"예수님에 대해 어떻게 생각하시나요?"

"혹시 교회에 다녀 보신 적이 있나요?"

"언제 커피 한 잔 대접하고 싶어요."

"당신이 교회에 나올 수 있도록 기도하고 있어요."

초대교회는 교회의 본질을 회복하여 부흥한 교회였습니다. 핍박과 박해를 두려워하기보다는 순교의 영광을 택한 교회였습니다. 그들에게는 사도적 권위와 전통이 있었습니다. 말씀에 대한 진실한 응답이 있었습니다. 다른 사람들에 대한 책임감도 있었습니다. 우리가 놓치고 있는 것은 무엇입니까? 핍박과 박해 앞에 무릎을 꿇거나, 사도적 권위와 전통을 포기한 채, 말씀에 대한 진실한 응답은 상실한 채 그저 부흥만을 바라보고 있지는 않습니까? 우리에게 필요한 것은 부흥의 날을 위해 먼저 교회의 본질을 회복하는 것입니다.

삶의 현장에서

영화 〈타이타닉〉이 상영된 후 미국의 한 여류 작가는 '타이타닉과 방광'(Titanic & Bladder)이라는 제목의 칼럼을 썼습니다. 이야기는 영화에서 시작하여 사람의 변화에 대한 내용으로 마무리됩니다.

영화는 세 시간 동안 많은 감동적인 장면을 보여 주었습니다. 구명보트를 여자들과 어린이에게 양보하며 물속으로 뛰어드는 남자들의 숭고한 희생과 사랑, 가라앉는 배 위에서 끝까지 음악을 연주하며 마지막 순간까지 예술혼을 불태웠던 연주자들의 헌신은 보는 이의 마음을 숙연케 했습니다.

영화가 끝나고 이 작가는 화장실로 달려갔습니다. 긴 시간의 영화가 끝난 직후라 많은 사람이 화장실 앞에 서 있었습니다. 모두가 초조하게 기다리고 있을 때, 한 젊은 엄마가 어린 딸을 앞세우고 사람들에게 양보를 청하며 앞으로 나아왔습니다.

"아이가 배가 아파요. 양보해 주실 수 있나요?"

뒤에 서 있던 사람들이 모두 양보해 준 덕에 계속해서 앞자리로 나오던 젊은 엄마와 딸을 앞에 서 있던 한 사람이 결국 가로막았습니다.

"아이 배가 아프면 병원에 갈 일이지 왜 새치기를 하려고 해요."

그 여인은 자신의 자리를 양보하지 않았고, 아이와 젊은 엄마는 더 이상 앞으로 나아갈 수 없었습니다.

그 장면을 목격한 칼럼니스트는 상황을 이렇게 표현했습니다. "사람들은 조금 전 장장 세 시간에 걸친 영화를 통해 삶과 죽음이 교차하는 상황 속에서 어린이와 노약자를 먼저 생각해야 한다는 인간적인 감동을 받았다. 하지만 이들이 삶의 자리로 돌아왔을 때 이야기는 달라졌다. 사람이 아는 것과 행동하는 것은 별개의 문제다."

아는 것과 행하는 것의 문제는 〈타이타닉〉을 본 후 화장실에서만 나타나는 차이가 아닙니다. 바로 교회의 문을 나서는 순간 우리에게 나타나는 문제입니다. 참된 교회, 참된 신앙인은 교회 문 안과 밖에서 차이가 없는 교회이며 신앙인입니다. 예배 시간과 예배가 끝난 이후의 삶에 차이가 없는 교회, 언제 어디서나 예수 그리스도의 제자로 사는 사람들이 모인 교회야말로 하나님이 바라는 교회의 모습입니다.

1. 부흥하고 있는 교회의 특징은 무엇이라고 생각하십니까?

2. 당신이 속한 소그룹과 교회는 참다운 부흥을 위해 어떤 노력을 하고 있습니까?

3. 우리 교회와 소그룹이 참된 부흥을 경험하기 위해 꼭 필요한 것은 무엇입니까?

4. 우리 교회의 부흥을 위해서 당신이 지금 할 수 있는 일은 무엇입니까?

부흥하기 위해 몸부림치는 것이 아니라 교회의 본질, 참 그리스도인의 모습을 회복하기 위해 결단의 시간이 필요합니다. 이번 소그룹 리더 훈련을 통해 깨달은 하나님의 음성을 함께 나눕시다.

개인과 우리 교회를 하나님 은혜의 통로로 삼으신 주님께 감사드리며, 함께 결단의 기도를 드립니다.